新时代小学教育专业实践应用型系列教材

现代教育技术与应用

Modern Educational Technology and Applications

主　编 ◎农国才　陶卫平　李　丹
副主编 ◎黄永吉　曲　艺　罗　孟
编　委 ◎（按姓氏笔画排序）
韦小铃　李秋萍　胡文君
黄文强　魏妮妮

ZHEJIANG UNIVERSITY PRESS
浙江大学出版社
·杭州·

图书在版编目（CIP）数据

现代教育技术与应用 / 农国才，陶卫平，李丹主编
. -- 杭州 : 浙江大学出版社，2024.9
ISBN 978-7-308-24667-5

Ⅰ. ①现… Ⅱ. ①农… ②陶… ③李… Ⅲ. ①教育技术学－教材 Ⅳ. ①G40-057

中国国家版本馆CIP数据核字(2024)第038029号

现代教育技术与应用
XIANDAI JIAOYU JISHU YU YINGYONG
农国才 陶卫平 李 丹 主编

策划编辑 李 晨
责任编辑 李 晨
责任校对 赵 钰
封面设计 春天书装
出版发行 浙江大学出版社
（杭州市天目山路148号 邮政编码310007）
（网址：http://www.zjupress.com）
排 版 杭州林智广告有限公司
印 刷 杭州宏雅印刷有限公司
开 本 787mm×1092mm 1/16
印 张 10.75
字 数 202千
版 印 次 2024年9月第1版 2024年9月第1次印刷
书 号 ISBN 978-7-308-24667-5
定 价 44.90元

新时代小学教育专业实践应用型系列教材

编写委员会

FOREWORD 总序

习近平总书记指出："建设教育强国，是全面建成社会主义现代化强国的战略先导。"[①]党的二十大报告提出："教育、科技、人才是全面建设社会主义现代化国家的基础性、战略性支撑。"[②]建设教育强国是全面建成社会主义现代化强国的战略先导，是科技强国、人才强国建设的共同基础。建设教育强国，基点在基础教育，龙头在高等教育。小学教育专业在我国教师教育发展事业中占有重要地位，也是基础教育发展的重要人才保障，在我国基础教育发展领域具有不可替代的作用。

21 世纪以来，小学师资的培养基本实现了高等教育化，小学教育教学改革的步伐不断加快，对人才的要求不断提高，对教材也提出了更高的要求，因此有必要编写高质量的教材，以响应习近平总书记"用心打造培根铸魂、启智增慧的精品教材，为培养德智体美劳全面发展的社会主义建设者和接班人、建设教育强国作出新的更大贡献"[③]的指示。

本丛书的编写主要是为了帮助即将进入教师队伍的"准教师"对课堂及课堂教学有较全面的了解与把握，对其课堂教学实操起到启发、引领的作用。同时，也期望能在理论层面上指导在职教师提升专业素养，使其向专业化的道路迈进。为此，我们将"聚焦中国学生发展核心素养，培养学生适应未来发展的正确价值观、必备品格和关键能力"作为指导思想，以学科教学为起点，根据义务教育各学科课程标准（2022 年版）的要求，围绕课堂教学这一核心，从

① 习近平在中共中央政治局第五次集体学习时强调 加快建设教育强国 为中华民族伟大复兴提供有力支撑[N]. 人民日报，2023-05-30（1）.

② 习近平. 高举中国特色社会主义伟大旗帜 为全面建设社会主义现代化国家而团结奋斗——在中国共产党第二十次全国代表大会上的报告[R]. 北京：人民出版社，2022: 33.

③ 习近平. 习近平给人民教育出版社老同志回信强调 紧紧围绕立德树人根本任务 用心打造培根铸魂启智增慧的精品教材[N]. 人民日报，2020-12-01（1）.

理论与从师技能层面来建构本丛书的体系。理论层面，力求使读者能从教学过程、教学模式把握课堂教学，了解课堂教学方法和策略，明白教学评价与测评的标准、要求及方法；在此基础上，加入从师技能的内容，使读者掌握课堂教学设计乃至实施技术，最终达到提高课堂教学艺术、效率和质量的目的。此外，为帮助任课教师按照师范类专业认证的要求规范实施教学活动，本丛书依据教育部印发的《普通高等学校师范类专业认证实施办法（暂行）》提供了专业认证的相关内容。

本丛书由从事小学教育研究与教学的有关专家、学者、教师共同精心编写，是他们多年来研究和教学成果的结晶。丛书由邹循东教授拟定选题、设定内容框架，各团队撰写完成后由梁宇教授、罗聿言博士审稿，邹循东教授定稿。在此，我们向为丛书的编写和出版付出辛勤劳动的专家、学者、教师以及浙江大学出版社的编辑团队表示衷心的感谢！我们由衷希望本丛书能成为全国小学教育专业学生及小学教师的良师益友，帮助他们成长、成才。

丛书编委会
2024 年 8 月

PREFACE 前言

本教材基于教育部在2014年发布的《中小学教师信息技术应用能力标准（试行）》进行编写，核心理念是培养应用型人才。本教材简要介绍了教育技术基本理论，并结合当代信息技术的最新发展，全面介绍了现代教育技术的核心内容，尤其是教育技术的应用以及信息技术与教学融合的能力等。通过学习，学生能掌握现代教育技术知识和技能，培养在教育教学中应用现代教育技术的意识和态度，能根据教学内容、任教学生的特点和教学条件设计有效的教学活动，能有效选择和应用信息资源，较好地掌握多媒体设备使用和课件制作技能，积极探索信息化教学及信息技术与学科课程融合的途径，具备利用信息技术支持学科教学研究的能力。教材内容整体指向教育技术核心素养，旨在提高师范生的现代教育技术能力。

基于培养应用型人才的基本定位，本教材主要内容有：现代教育技术与教师发展、文本处理技术、图像处理技术、多媒体课件的设计与制作、微课的设计与制作、WPS在教学中的应用、现代教育技术和教育变革。

本教材每章均配有学习目标、学习资源和学习测评，大部分章节有实践训练；内容全面、系统性强，图文并茂、层次清晰。本教材依据科学的学习规律，合理编排章节，优化知识结构，以培养现代教育技术能力为主线，按照典型案例序化知识，并将知识融入案例情景之中，突出现代教育技术能力培养，易于学生学习。

因编者水平有限，教材中难免有疏漏与不足之处，敬请各位同行与读者批评指正。我们将不断修订完善内容，使大家有更好的阅读体验。

编　者

2024年8月

CONTENTS 目录

第1章
现代教育技术与教师发展

学习目标

知识目标

1. 通过学习现代教育技术的概念，了解现代教育技术的内涵。

2. 通过学习《中小学教师信息技术应用能力标准（试行）》，了解信息化时代教师专业发展目标。

能力目标

1. 能说出信息化时代教育对教师信息素养的要求。

2. 能够制订自己的教师专业发展规划。

素质目标

1. 通过对现代教育技术概念的学习，树立信息化时代教师专业发展的目标。

2. 树立正确的教师发展观，培养终身学习的理念。

1.1 现代教育技术的概念

1.1.1 技术的概念

工业化社会：认为技术是根据生产实践和自然科学原理而发展成的各种物质设备、生产工具。该定义局限于有限的物质方面，教育技术被自然而然地看作是只包括硬件和软件的技术手段，被认为是物化技术在教育领域中的应用，甚至等同于媒体的教育应用。

信息化社会：认为技术是人类在生产活动、社会发展和科学实验过程中，为了达到预期的目的而根据客观规律对自然、社会进行认识、调控和改造的物质工具、方法技能和知识经验等的综合体。该定义包含两方面的内容，即有形的物质设备、工具手段和无形的、非物质的、观念形态的方法与技能。

1.1.2 教育技术学的重要定义

1994 年美国教育传播与技术协会（Association for Educational Communications and Technology，AECT）出版的《教学技术：领域的定义与范畴》一书给出的教育技术的定义为：教育技术（原为教学技术，即 instructional technology）是对学习过程和学习资源的设计、开发、运用、管理和评价的理论与实践（以下简称 AECT 94 定义）。

学习：是指由经验引起的行为、知识、能力的相对持久变化。影响并促进学习既是教育技术的出发点，又是其最终目的和归宿。教育技术所包含的各个部分都要围绕影响并促进学习来进行的，体现了以学习者为中心的思想。

学习过程：是指学习者通过与信息和环境的相互作用而得到知识、技能和态度的长进的过程。“过程”是指为了达到预定学习效果而采取的一系列操作或活动，是一个包括输入、行为和输出的系列。

学习资源：是指支持学习的资料来源或资源库，它包括支持系统的教学材料与环境。但资源并非仅指用于教学过程的设备和材料，它还包括人员、预算和设施。

2017 年，AECT 给出的教育技术的定义为：教育技术（educational technology）是指通过对有关学习过程和资源战略的设计、创新应用和有效管理来促进知识发展、调节学习过程和提升学习绩效的研究及符合职业道德规范的（一种）实践活动（以下简称 AECT 17 定义）。

AECT 17 定义对教育技术学的理论发展，特别是对我国教育技术学的巨大影响是有目共睹的。

1.1.3 教育技术的范畴

根据ACET 94定义，教育技术的范畴主要为设计、开发、运用、管理、评价。

1.设计

设计是详细说明学习条件的过程，其目的是生成策略或产品。从设计的理论研究和实际探索的落脚点出发，可将设计分为教学系统设计、信息设计、教学策略和学习者特征四个子领域。

教学系统设计：是一个包括分析、设计、开发、实施和评价教学等步骤的有组织的过程。

信息设计：主要指运用有关心理学原理来设计传递信息与反馈信息的呈现内容、呈现方式以及人际交互等。信息设计常常与媒体和学习任务的性质有关。

教学策略：是对具体的教学内容、教学活动程序、方法、媒体等因素的总体考虑。

学习者特征：是指影响学习过程有效性的学习者经验和背景的各个方面，包括智力因素、非智力因素，以及文化背景、宗教背景等。

2.开发

开发是指针对学习过程和学习资源，按照事先设计好的方案予以实施，将其转化为物理形式的过程。技术是开发范畴的驱动力量。从技术发展的历史过程来划分，可将开发分为印刷技术、视听技术、基于计算机的技术和综合技术四个子领域。

印刷技术：是主要通过机械或照相印刷过程制作、发送材料（如书和静态视觉材料）的方法，包括文本、图形和照片等形式的呈现和复制，即文本材料和视觉材料的开发。它们在很大程度上依赖于与人的视知觉、阅读、信息加工过程以及学习相关的理论。

视听技术：是通过机械或电子设备来制作或发送材料以呈现听觉和视觉信息的方法。视听技术能够根据行为主义和认知心理学的原理开发线性动态的视觉信息。

基于计算机的技术：是利用基于微处理器的设备和有关的教学资源来制作和发送材料的方法。这一技术通常包括硬件和软件两个方面。

综合技术：是把信息资源、工具、在线帮助、检测系统、情境、教学和管理等功能都综合在一个系统环境中的方法。随着计算机技术的进一步发展，特别是网络通信、多媒体、数据库、人工智能、专家系统、人机界面技术的进步，基于计算机的教学系统正在朝着集成化方向发展。因此，这种技术的特征是学习者可以在各种信息资源中进行高度交互的活动。

3.运用

运用是通过教与学的过程和资源来促进学习者学习活动的过程。运用包括媒体的利用、革新推广、实施、制度化、政策和法规五个子领域。

媒体的利用：是对学习资源的系统使用，以及依据教学设计方案进行决策的过程。

革新推广：是为了使革新的成果能被采纳而通过有计划的策略进行传播的过程。

实施：是组织中的个人对革新成果的合理使用。

制度化：目的是将革新成果整合到整个组织结构中。

政策和法规：是影响和规范教育技术推广和使用的强制性规则和行为要求。

4.管理

管理是指通过计划、组织、协调和监督来控制教学。管理包括项目管理、资源管理、传送系统管理和信息管理四个子领域。

项目管理：是指计划、监督和控制教学设计和开发项目。

资源管理：是指计划、监督和控制资源分配以支持系统和服务。

传送系统管理：包括计划、监督和控制那些组织教学材料分发的方法，是用于向学习者呈现教学信息的媒体和使用方法的组合。

信息管理：包括计划、监督和控制信息的存储、转换和处理，其目的是为学习提供资源。

5.评价

评价是对一个事物的价值的确定。在教育技术领域中，它是对计划、产品、项目、过程、目标的质量、有效性或价值的正式确定。评价包括问题分析、标准参照测量、形成性评价和总结性评价四个子领域。

问题分析：是指使用信息收集和决策策略来确定问题的本质和范围。问题分析是教学评价的前端步骤，因为目标和约束条件都要在这个步骤中阐明。

标准参照测量：是确定学习者对预定内容的掌握程度的技术。标准参照测量使学生知道相对于标准来说，他们目前所达到的程度。

形成性评价：包括收集达标方面的信息，并使用这些信息作为进一步发展的基础。

总结性评价：包括收集达标方面的信息，并使用这些信息作为利用方面的决策。

2005年，AECT给出的教育技术的定义为：教育技术是通过创建、使用、管理适当的技术性的过程和资源，以促进学习和提高绩效的研究与符合伦理道德的实践（以下简称AECT 05定义）。

根据AECT 05定义，教育技术涵盖以下三个范畴。

（1）创建：包括学习环境创设、教学问题分析、教学方案设计、教学决策评估、教学方案实施。

（2）利用：包括资源评估、过程/资源选择、资源运用、革新推广、制度化。

（3）管理：包括项目管理、授递系统管理、人员/信息管理、项目评估、领导力建设。

1.1.4 教育技术AECT 94定义与AECT 05定义比较

（1）名称的变化：由教学技术变为教育技术。

（2）领域的变化：由“理论与实践”研究领域变为“研究和合乎伦理道德的实践”，同时将教育技术的研究范围由教学领域扩展到企业绩效领域。

（3）对象的变化：由“学习过程与学习资源”变为用来“促进学习和提高绩效”，有合适技术支持的过程和资源，聚焦研究对象，突出专业特点。

（4）目的的变化：AECT 05定义更强调教育技术的双重目的，即促进学习与改进绩效。

（5）范畴的变化：学习过程和学习资源的“设计、开发、运用、管理和评价”五个研究范畴缩减为用来促进学习和提高绩效，并提供合适技术支持的过程和资源的“创建、利用、管理”三个范畴。

1.2 信息化时代教师专业发展

教育部于2014年发布了《中小学教师信息技术应用能力标准（试行）》（以下简称《能力标准》），内容如下。

信息技术应用能力是信息化社会教师必备的专业能力。为全面提升中小学教师的信息技术应用能力，促进信息技术与教育教学深度融合，特制定本标准。

1.2.1 《能力标准》总则

（1）《能力标准》是规范与引领中小学教师在教育教学和专业发展中有效应用信息技术的准则，是各地开展教师信息技术应用能力培养、培训和测评等工作的基本依据。幼儿园、中等职业学校教师参照执行。

（2）《能力标准》根据我国中小学校信息技术实际条件的不同、师生信息技术应用情境的差异，对教师在教育教学和专业发展中应用信息技术提出了基本要求和发展性要求。其中：①应用信息技术优化课堂教学的能力是基本要求，主要包括教师利用信息技术进行讲解、启发、示范、指导、评价等教学活动应具备的能力；②应用信息技术转变学习方式的能力是发展性要求，主要针对教师在学生具备网络学习环境或相应设备的条件下，利用信息技术支持学生开展自主、合作、探究等学习活动所应具有的能力。本标准根据教师教育教学工作与专业发展主线，将信息技术应用能力区分为技术素养、计划与准备、组织与管理、评估与诊断、学习与发展五个维度。

1.2.2 《能力标准》基本内容

《能力标准》的基本内容如表 1-1 所示。

表 1-1 《能力标准》的基本内容

维度	应用信息技术优化课堂教学	应用信息技术转变学习方式
技术素养	1. 理解信息技术对改进课堂教学的作用，具有主动运用信息技术优化课堂教学的意识	1. 了解信息时代对人才培养的新要求，具有主动探索和运用信息技术变革学生学习方式的意识
	2. 了解多媒体教学环境的类型与功能，熟练操作常用设备	2. 掌握互联网、移动设备及其他新技术的常用操作，了解其对教育教学的支持作用
	3. 了解与教学相关的通用软件及学科软件的功能及特点，并能熟练应用	3. 探索使用支持学生自主、合作、探究学习的网络教学平台等技术资源
	4. 通过多种途径获取数字教育资源，掌握加工、制作和管理数字教育资源的工具与方法	4. 利用技术手段整合多方资源，实现学校、家庭、社会相连接，拓展学生的学习空间
	5. 具备信息道德与信息安全意识，能够以身示范	5. 帮助学生树立信息道德与信息安全意识，培养学生良好行为习惯
计划与准备	6. 依据课程标准、学习目标、学生特征和技术条件，选择适当的教学方法，找准运用信息技术解决教学问题的契合点	6. 依据课程标准、学习目标、学生特征和技术条件，选择适当的教学方法，确定运用信息技术培养学生综合能力的契合点
	7. 设计有效实现学习目标的信息化教学过程	7. 设计有助于学生进行自主、合作、探究学习的信息化教学过程与学习活动
	8. 根据教学需要，合理选择与使用技术资源	8. 合理选择与使用技术资源，为学生提供丰富的学习机会和个性化的学习体验
	9. 加工制作有效支持课堂教学的数字教育资源	9. 设计学习指导策略与方法，促进学生的合作、交流、探索、反思与创造
	10. 确保相关设备与技术资源在课堂教学环境中正常使用	10. 确保学生便捷、安全地访问网络和利用资源
	11. 预见信息技术应用过程中可能出现的问题，制定应对方案	11. 预见学生在信息化环境中进行自主、合作、探究学习可能遇到的问题，制定应对方案
组织与管理	12. 利用技术支持，改进教学方式，有效实施课堂教学	12. 利用技术支持，转变学习方式，有效开展学生自主、合作、探究学习
	13. 让每个学生平等地接触技术资源，激发学生学习兴趣，保持学生学习注意力	13. 让学生在集体、小组和个别学习中平等获得技术资源和参与学习活动的机会
	14. 在信息化教学过程中，观察和收集学生的课堂反馈，对教学行为进行有效调整	14. 有效使用技术工具收集学生学习反馈，对学习活动进行及时指导和适当干预
	15. 灵活处置课堂教学中因技术故障引发的意外状况	15. 灵活处置学生在信息化环境中开展学习活动发生的意外状况
	16. 鼓励学生参与教学过程，引导学生提升技术素养并发挥其技术优势	16. 支持学生积极探索使用新的技术资源，创造性地开展学习活动

续表

维度	应用信息技术优化课堂教学	应用信息技术转变学习方式
评估与诊断	17. 根据学习目标科学设计并实施信息化教学评价方案	17. 根据学习目标科学设计并实施信息化教学评价方案，并合理选取或加工利用评价工具
	18. 尝试利用技术工具收集学生学习过程信息，并能整理与分析，发现教学问题，提出针对性的改进措施	18. 综合利用技术手段进行学情分析，为促进学生的个性化学习提供依据
	19. 尝试利用技术工具开展测验、练习等工作，提高评价工作效率	19. 引导学生利用评价工具开展自评与互评，做好过程性和终结性评价
	20. 尝试建立学生学习电子档案，为学生综合素质评价提供支持	20. 利用技术手段持续收集学生学习过程及结果的关键信息，建立学生学习电子档案，为学生综合素质评价提供支持
学习与发展	21. 理解信息技术对教师专业发展的作用，具备主动运用信息技术促进自我反思与发展的意识	
	22. 利用教师网络研修社区，积极参与技术支持的专业发展活动，养成网络学习的习惯，不断提升教育教学能力	
	23. 利用信息技术与专家和同行建立并保持业务联系，依托学习共同体，促进自身专业成长	
	24. 掌握专业发展所需的技术手段和方法，提升信息技术环境下的自主学习能力	
	25. 有效参与信息技术支持下的校本研修，实现学用结合	

1.2.3 《能力标准》实施要求

（1）地方各级教育行政部门要将《能力标准》作为加强中小学教师队伍建设的重要依据，充分发挥《能力标准》的引领和导向作用，将信息技术应用能力提升纳入教师全员培训，开展教师信息技术应用能力测评，建立并完善推动教师主动应用信息技术的机制，切实提升广大教师信息技术应用能力，为全面推动教育信息化，深化课程改革，实现教师专业自主发展奠定坚实基础。

（2）有关高等学校和教师培训机构要将《能力标准》作为教师培养培训工作的重要依据，加强相关学科专业建设，完善培养培训方案，科学设置培养培训课程，创新培养培训模式，加强师资队伍和课程资源建设，开展相关研究，促进教师专业发展。

（3）中小学校要将《能力标准》作为推动教师专业发展和教师管理的重要依据。制订教师信息技术应用能力提升规划，整合利用校内外培训资源，做好校本研修，为教师提升信息技术应用能力提供有效支持。要完善教师岗位职责和考核评价制度，推动教师在教育教学和日常工作中主动应用信息技术。

（4）中小学教师要将《能力标准》作为自身专业发展的重要依据。要主动适应信息化社会的挑战，充分利用各种学习机会，更新观念、补充知识、提升技能，不断增强信息技术应用能力。要养成良好的应用习惯，积极反思，勇于探索，将信息技术融于教学和师生交流等各个环节，转变教育教学方式，促进学生有效学习和个性化发展。要善于利用信息技术，拓宽成长路径，实现专业自主发展，做终身学习的典范。

1.3 教育部《关于实施全国中小学教师信息技术应用能力提升工程 2.0 的意见》解读

教育部在 2019 年发布了《关于实施全国中小学教师信息技术应用能力提升工程 2.0 的意见》，内容如下。

信息技术应用能力是新时代高素质教师的核心素养。2013 年以来，通过实施全国中小学教师信息技术应用能力提升工程，教师应用信息技术改进教育教学的意识和能力普遍提高，但仍然存在着信息化教学创新能力不足，乡村教师应用能力薄弱，支持服务体系不够健全等问题，同时大数据、人工智能等新技术变革对教师信息素养提出了新要求。为深入贯彻习近平新时代中国特色社会主义思想和党的十九大精神，全面贯彻落实全国教育大会精神，按照《中共中央 国务院关于全面深化新时代教师队伍建设改革的意见》决策部署，根据《教育信息化 2.0 行动计划》和《教师教育振兴行动计划（2018—2022 年）》总体部署，服务国家“互联网+”、大数据、人工智能等重大战略，推动教师主动适应信息化、人工智能等新技术变革，积极有效开展教育教学，教育部决定实施全国中小学教师（含幼儿园、普通中小学、中等职业学校，下同）信息技术应用能力提升工程 2.0（以下简称能力提升工程），特制定本意见。

1.3.1 目标任务

到 2022 年，构建以校为本、基于课堂、应用驱动、注重创新、精准测评的教师信息素养发展新机制，通过示范项目带动各地开展教师信息技术应用能力培训（每人 5 年不少于 50 学时，其中实践应用学时不少于 50%），基本实现“三提升一全面”的总体发展目标：校长信息化领导力、教师信息化教学能力、培训团队信息化指导能力显著提升，全面促进信息技术与教育教学融合创新发展。

（1）整校推进教师应用能力培训，服务教育教学改革。加强校长牵头的学校信息化管理团队建设，围绕学校教育教学改革发展目标制订信息化发展规划和教师研修计划，立足应用、靶向学习，整校推进、全员参与，建立适应学校发展需求的教师信息技术应用能力提升新模式，激发教师提升信息技术应用能力的内生动力，有效提高教育教学质量。

（2）缩小城乡教师应用能力差距，促进教育均衡发展。以“三区三州”等深度贫困地区、老少边穷地区为重点，国家示范、地方为主，整合资源、协同推进，因地制宜开展贫困地区乡村教师信息化教学示范培训，探索名师网络课堂和远程协同教研相结合的“双师教学”模式培训改革，提高乡村教师信息技术应用能力，推动乡村教育现代化。

（3）打造信息化教学创新团队，引领未来教育方向。遴选部分校长和骨干教师开展引领性培训，打造学校信息化教学创新团队，支持有条件的学校主动应用互联网、大数据、虚拟现实、人工智能等现代信息技术，探索跨学科教学、智能化教育等教育教学新模式，充分利用人工智能等新技术成果助推教师教育，提升校长、教师面向未来教育发展进行教育教学创新的能力。

（4）全方位升级支持服务体系，保障融合创新发展。适应信息技术发展趋势与分层分类培训需求，更新拓展标准体系，提高能力标准的引领性；优化培训团队建设，创新教师培训方式方法，提高培训指导的针对性；激励开放建设，改善资源供给，提高研修资源的适用性；变革测评方式，充分利用新技术开展教师研修伴随式数据采集与过程性评价，提高测评助学的精准性。

1.3.2 主要措施

1. 开展学校管理团队信息化领导力培训

由校领导担任学校首席信息官（CIO），组建由校长领衔、学校相关管理人员构成的学校信息化管理团队，采取国家示范培训先行、各地普及推进的方式，推动面向所有学校的管理团队信息化领导力提升专项培训。依据《中小学校长信息化领导力标准（试行）》，将学校信息化发展规划的制订与落实作为培训主线，指导管理团队结合学校教育教学改革发展目标，形成学校信息化发展规划，推进数字校园、智慧学校建设，探索教育、教学、教研、管理、评价等领域的创新发展，并确定相应的信息化教学校本研修主题及教师培训计划。通过线上线下相结合的跟踪指导，支持管理团队落实学校信息化发展规划，组织教师信息技术应用培训，有效提升管理团队领导全校教师应用信息技术开展教学创新的能力。

2. 围绕学校信息化教学创新推动教师研训

按照“国家示范、省市统筹、区县负责、学校自主、全员参与”的实施路径，以学校为单位申报研修主题和培训需求，在培训团队指导下，采取校本研修、区域教研、教师选学等多种方式，将集中培训、网络研修与实践应用相结合，以学科信息化教学为重点，整校推进开展教师信息技术应用培训。依据学校信息化发展规划，组建“骨干引领、学科联动、团队互助、整体提升”的研修共同体，围绕学科课程标准、专业教学标准，以问题为导向，以专题研修为抓手，推进相关教学设备和学科软件应用，开展教学案例研讨、课堂实录分析等信息化教学校本研修。推动教师应用网络学习空间、教师工作坊、研修社区等，利用线上资源，结合线下研讨，打造“技术创新课堂”，提高应用信息技术进行学情分析、教学设计、学法指导和学业评价等的能力，破解教育教学重难点问题，满足学生个性化发展需求，助力学校教学创新。

3. 实施创新培训平台“三区三州”对口帮扶项目

教育部遴选建设一批能力提升工程创新培训平台，对口帮扶“三区三州”为代表的深度贫困地区，开展教师信息技术应用能力提升培训。采用与中小学校“牵手”合作的模式，根据当地教育信息化发展现状及“牵手”合作学校实际情况，帮助学校完成教育信息化发展规划与实施方案，针对不同类型的学校创新培训模式，结合不同学科（领域）、不同能力起点的教师信息技术应用能力提升需求制订培训规划，分类开展帮扶，支持学校信息化教育教学发展，打造中小学教师信息技术应用能力培训示范校，推动贫困地区乡村教师信息技术应用能力提升。

4. 推进中西部地区“双师教学”模式培训改革

中西部省（区、市）根据省域内深度贫困地区、老少边穷岛等地区乡村学校实际需求，多层次、多学科、多方式开展名师网络课堂和远程协同教研相结合的“双师教学”模式教师培训改革，加强乡村教师信息化培训精准帮扶工作。鼓励城乡之间、东中西部之间校际合作，发挥国家级教学成果奖、中小学教师信息技术应用创新实验区及示范校等的引领作用，通过优质学校与乡村学校“结对子”、建立“双师工作坊”等方式，利用专递课堂、同步课堂、名师课堂、名校网络课堂等，采取教师模仿名师网络录像，或者名师网络录像与当地教师辅导结合等模式开展教学。双方教师组成协同教研共同体，通过网络研修加强集体备课、研课交流，远程授课教师对乡村教师进行长期陪伴式培训，定向帮扶乡村教师提高专业水平与信息技术应用能力，助力贫困、边远地区教学点及乡村学校开齐国家课程，提高教育教学质量。

5. 促进教师跨学科教学能力提升

省级教育行政部门在有条件的地区积极发掘中小学基于信息技术支持的跨学科教学优秀经验，形成示范案例，建设本地教师跨学科教学能力提升培训资源和示范校。整合高等学校、教科研机构、教师培训机构、校外科技活动中心、企业等多方资源，组建培训团队，开展信息技术支持的跨学科教学培训。通过实施专项培训、组织多校协同的跨学科教学研修活动等方式，打造一批基于信息技术开展跨学科教学的骨干教师，推动信息化教育教学创新，全面提升学生核心素养。

6. 加强智能化教育领航名校长名师培养

有条件的地区遴选高等学校、教科研机构、教师培训机构、企业等组建培训团队，重点面向学校信息化基础较好的中小学校长和学科专业骨干教师，分别开展人工智能助推教育领导力和教育教学能力示范培训。教育教学专家、人工智能领域相关专家等制定研修方案，开发研修资源，将任务驱动、深度体验、行动研究等相结合，帮助参训校长、教师形成智能化教育意识，掌握智能化教育工具，提升解决教育教学问题的能力。通过迭代开发、优化升级，不断汇聚智能化教育管理与教学优秀示范案例，完善研修课程，融入最新技术内容和应用成果，形成产、学、研、培、用一体的多方协同参与机制，打造智能化教育领航名校长、名师。

7. 提升培训团队信息技术应用指导能力

各地教育行政部门选拔一线信息技术应用能力突出的学科骨干教师，建强培训者队伍，打造专兼结合的高水平教师信息技术应用能力培训团队。遴选信息化教学见长的高等学校、教科研机构和教师培训机构，采用专题研修、分类培训与学习共同体建设等模式，以县区为重点开展培训团队专项培训，推动培训团队开展应用信息技术促进学科教育教学的研究，探索基于“互联网+”的教研组织形式，提高指导学科教师信息化教学的能力，以及应用信息技术进行培训设计、管理、评价等的能力。

8. 创新信息素养培训资源建设机制

以信息化教学方法创新、精准指导学生个性化发展为重点，创新机制建设教师信息素养培训资源。各地教育行政部门依据应用能力标准和本地教师信息技术应用的实际水平，统筹指导教师信息素养培训资源建设。面向社会汇聚教师信息素养提升的教育大资源，积极引入大数据、云计算、虚拟现实和人工智能等前沿技术支持的实物情景和实训操作等培训资源，尤其是职业教育课堂与实训室数字化教学相关资源，以及一线优秀教师参与研发的微课、慕课、直播课等视频培训课程资源。把开放教育资源创新应用与优质资源班班通项目结合起来，依托区域教育资源服务平台，通过资源使用率及用户评价等建立优质培训资源遴选机制，推进资源共建共享。

9. 构建成果导向、全程监测评价体系

省级教育行政部门统筹推进本省（区、市）教师信息技术应用能力发展测评，建立成果导向的能力评估模型，将教师研修学习、教学实践等活动纳入评估范畴，以评促用。充分利用各级各类管理与服务平台，推动开展以教师网络学习空间应用为核心的过程化评价，收集来自区县各校教师教学、教研的常态数据，进行数据综合挖掘，切实提高精准诊断、及时干预和个性化服务教师能力提升的水平。建立多元评价机制，引入第三方评价，通过评测中心、监测网络等多种途径，开展常态化监测，构建教师信息技术应用能力监测评价体系。

1.3.3 组织保障

1. 加强组织领导

教育部负责能力提升工程的顶层设计和宏观指导，完善教师信息技术应用能力标准体系，实施国家级示范培训项目，监测评估各地组织实施工作。能力提升工程执行办公室负责组织管理和支持服务的具体工作。省级教育行政部门负责本省（区、市）能力提升工程的统筹规划与管理，确定专门机构负责组织实施的具体工作，结合实际情况制订本省（区、市）能力提升工程规划方案，利用信息管理平台实施精细化管理，将信息技术应用能力培训纳入教师培训必修学分，建立推动学校与教师主动应用信息技术的相关制度，健全完善本省（区、市）教育系统网络安全制度体系。地（市）级教育行政部门负责本地区能力提升工程的组织管理，重在指导县级教师发展机构建设，通过本地区资源平台服务、管理平台应用等，推动教师信息技术应用能力提升。

2.明确主体责任

县级教育行政部门是本地能力提升工程组织管理的责任主体，要完善制度、健全机制，整合电教、教科研、培训等机构资源，科学统筹教师信息技术应用能力培训项目，有效遴选学员，加强县级教师发展机构和网络平台建设，打造本地骨干培训者和项目示范校，构建示范带动辐射体系。中小学校是提升教师全员信息技术应用能力的关键节点，校长是第一责任人，要制订本校信息化发展目标和规划，并围绕目标、规划切实开展信息化教学校本研修，支持教师参加信息技术应用能力提升培训，落实全员信息化培训学分要求，提高信息化教育教学水平。

3.落实经费保障

中央财政通过"国培计划"、职业院校教师素质提高计划等项目，支持开展国家级示范培训，推动能力提升工程实施。各省（区、市）要加大投入力度，保障本地区能力提升工程实施。中西部省（区、市）要用好"国培计划"专项经费，重点提高集中连片特困地区教师信息技术应用水平。地市及区县要有力保障教师全员培训，支持教师信息技术应用能力提升典型培育和经验推广。中小学校要统筹整合多方资源，为本校教师学习和应用信息技术创造良好条件。

4.鼓励社会参与

积极争取社会力量支持中小学校信息化建设与教师信息技术应用能力提升，建立多元化筹资渠道，鼓励企业和社会机构与各地教育行政部门合作，积极研发服务中小学教育信息化应用的软硬件产品，参与中小学教育信息化建设及教师信息技术应用能力提升培训，打造智能化、数字化、实时在线、同期同步的教师培训网络平台，建立自适应、菜单式、个性化的教师培训学习体验空间，推动以信息技术为工具的教育教学创新。

5.做好监管评估

教育部加强对各省（区、市）能力提升工程实施情况的监测、督导。各省（区、市）能力提升工程规划方案报教育部备案。省、地市级教育行政部门采取专家评估、参训教师网络评估和第三方评估等方式，做好能力提升工程实施的监管评估及督导工作。县区级教育行政部门要结合学校信息化发展规划和自我测评，对学校教师信息技术应用能力提升工作进行过程督导和质量评估，并将评估结果纳入学校办学水平评估和校长考评的指标体系。

该意见是教育信息化的升级：要实现从专用资源向大资源转变，从提升学生信息技术应用能力向提升学生信息技术素养转变，从应用融合发展向创新融合发展转变。

该意见体现了教育资源观的转变：过去，我们将知识资源数字化、平面资源立体化，但这还不够，我们更要强调基于互联网的大资源观。这个大资源观既包括知识，也包括知识之间的关系，即知识图谱；既包括填充学生头脑的，也包括点燃学生智慧的。教育不是把一杯水注满，而是把一团火点燃。

该意见强调了技术素养观的转变：从技术应用能力转向信息技术素养，我们不仅要利用技术，更要利用信息素养和信息技术合作。

学习测评

1. 阅读教育部于 2014 年发布的《中小学教师信息技术应用能力培训课程标准（试行）》，思考你还需要学习哪些知识和技能。

2. 简述教育技术的基本概念及其发展历程。

第2章

文本处理技术

学习目标

知识目标

通过对文本格式、文本获取的途径以及文本可视化处理的学习，掌握WPS中文本处理的方法。

能力目标

能够优化WPS中文本的排版。

素质目标

1. 通过优化文本的排版，传达出用WPS做课件的整体风格。
2. 传达文本的布局排版应该风格统一的理念，如同为人做事，要表里如一。

2.1 文本的常用格式

文字是演示文稿（电子幻灯片）中最重要的元素，没有文字的演示文稿很难清楚地阐明一个问题，但把枯燥的文字变得美观从来都不那么容易。你可能已经花费了大量时间学习排版、搜索图片以及设计模板等技能，但对于文字这个最重要的元素却很可能没有投入足够的时间进行学习。

2.1.1 文字的缺点及优点

1. 文字的缺点

文字是语言的符号，但仅靠文字传达信息在效率和效果上都不会很好。因为文字需要逐字阅读，所以其信息的传递是线性的，仅通过文字建立对整体的理解总是很慢的。

不是人人都喜欢文字。文字没有图画那么直接生动，也没有声音那么优美动听，它不容易让人看懂，还容易让人抵触和失去耐心。

2. 文字的优点

文字传达的信息密度大，表意精确，不容易产生歧义，因此有人提倡在每页PPT中都用一个整句归纳本页的中心论点。在演示文稿的制作中，对于文字我们要注重解决两个问题：一是改变文字冰冷的面孔，让它变得有美感；二是通过排版和各种图示将文字尽可能直观、有条理地组织起来，让它能更容易、更快速地被人理解。

2.1.2 文字的三要素

在平面设计师眼中，文字本身即是设计元素，仅仅通过文字的变化就能够产生截然不同的视觉效果。文字在演示文稿的设计中占有非常重要的分量。在演示文稿中，文字有三个要素：字体、字号以及特效。

1. 字体

字体指的是文字的风格样式，如楷体、行书、宋体、雅黑等。很多时候，仅是改变字体，效果就会完全不同，如图 2-1 所示。

WPS 文字处理

图 2-1　不同字体的效果差别

不同的字体在使用上也有很大的区别：有一些字体在字号很小的情况下很难辨认；有一些字体就算字号很大也难以表现出冲击力；有一些字体不太适合阅读，但少量使用却能起到很好的装饰效果。对于字体的选用，最常见的错误有两种：一种是从字库里随意使用字体而不经过慎重考虑；另一种是在一个演示文稿中使用过多字体，破坏了演示文稿的整体感。

WPS软件中已经提供了很多字体，如果仍不能满足实际需求，我们可以登录WPS账号，使用其中的“云字体”，如图 2-2 所示。

图 2-2　“云字体”面板

2. 字号

字号就是文字的大小。字号的变化可以让文字富有韵律、错落有致，有效体现内容的层次关系，让重点和要点一目了然，如图 2–3 所示。

图 2–3　通过变化字号体现不同层次

有些演示文稿让人毫无阅读的兴致是因为除了正文和标题的字号变化，制作者没有使用变化字号这一方式来区分文段的层次；或者对字号的设置过于随意，让内容显得杂乱无章。

不过无论如何设置字号，字号都不能过小，至少应该保证观众或者读者能够看清楚每一个字。对于演示辅助类电子幻灯片（如 PPT），文字大小要保证在演示现场最后一排的观众也能看清楚。一般来说，在页面视图中将页面缩小至 60% 后，如果在显示器对角线长度的距离外能够看清楚，字号设置就没什么问题。而对于文档报告类电子幻灯片，文字大小则必须保证电子幻灯片文稿打印之后读者仍然能够舒服地阅读，所以字号不能小于 10 磅。

3. 特效

文字的特效包括文字的颜色（填充颜色及轮廓颜色）和艺术效果（包括加粗及倾斜）。特效不仅可以起到修饰的作用，而且能够帮助文字从众多对象中凸显出来，是形成对比的主要手段。在“开始”选项卡的“字体”命令区可以对文字的效果进行详细的设置，如图 2–4 所示。

图 2–4　“字体”命令区

一些演示文稿使用红色和蓝色的经典搭配作为文字的颜色，但大量用在文字上其实很不合适。通常在深色背景上使用白色文字或者在浅色背景上使用黑色文字，然后用其他颜色作为强调色，这是非常明智的选择。花花绿绿的文字不仅无法突出重点，还会让演示文稿看起来不美观。

文字不仅可以填充颜色（纯色或渐变色），还可以填充图片，如图 2–5 所示。

图 2–5　文字的图片填充效果

WPS 也提供艺术字作为文字特效，在“文本工具”选项卡的“设置文本效果格式”命令区中，可以对文字的效果进行详细设置，如图 2–6 所示。

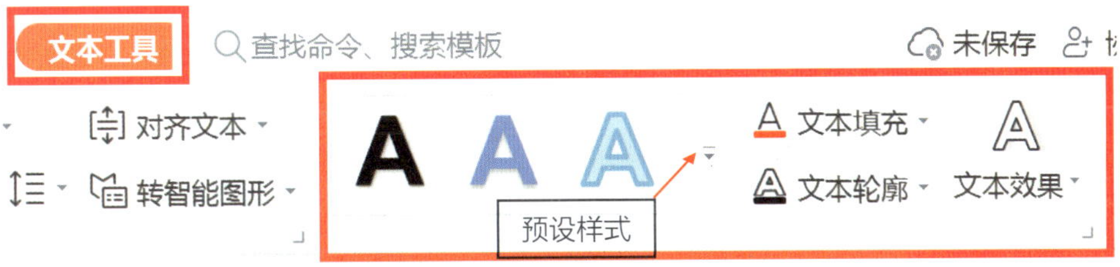

图 2–6　“文本工具”选项卡的“设置文本效果格式”命令区

可在“预设样式”面板中，对文字进行艺术字效果设置，如图 2–7 所示。

图 2–7　“预设样式”面板

以上三个要素主要体现单个文字的特点，而对于段落，还有文字的间距、文字的行距、段落的间距等要素需要注意。如图 2–8 所示，在“开始”选项卡的“段落”命令区中，可以对段落进行详细的设置。命令区的每一个按钮都非常有用，不要忽视其中任何一个。

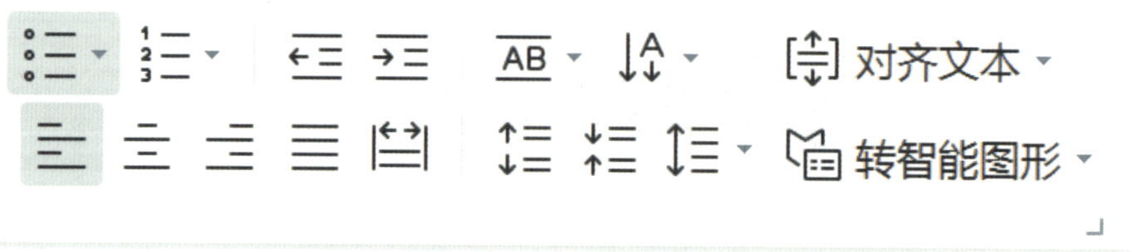

图 2–8 “段落”命令区

为了增大相邻文字的间距，可用“分散对齐”命令，使文字均匀分散在文本框内，这样可以让文字变得更疏松，如图 2–9 所示。

图 2–9 通过“分散对齐”让文字对齐到两端

增大文字的行距也可以帮助缓解密集文字带来的视觉压力，一般调整为 1.2~1.5 倍行距，看起来会舒服很多。

2.2 文本的获取

2.2.1 网页中非复制型文字的获取

（1）打开禁用文字复制功能的网页，如图 2–10 所示。

图 2-10　禁用文字复制功能的网页

（2）打开QQ中某一个好友的聊天对话框，单击该对话框中的“ ”（剪切）按钮，如图 2-11 所示。

图 2-11　“ ”（剪切）按钮

（3）截取所需文字，单击“ ”（屏幕识图）按钮，如图 2-12 所示。

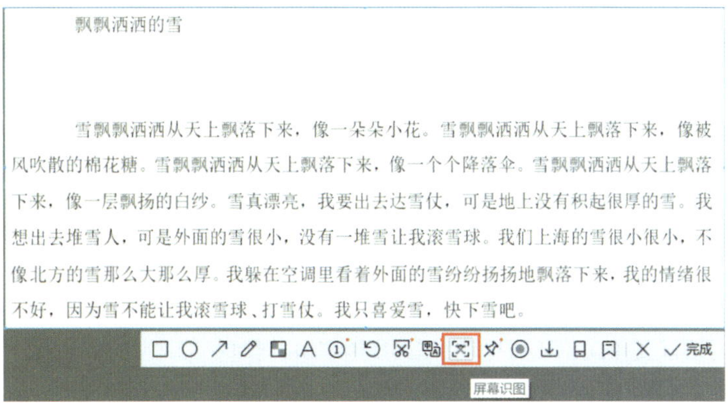

图 2-12　“ ”按钮

（4）在弹出的“屏幕截图”窗口中，用“Ctrl+鼠标左键”选择所需文本，然后单击右下角的“ ”（复制）按钮，如图 2–13 所示。

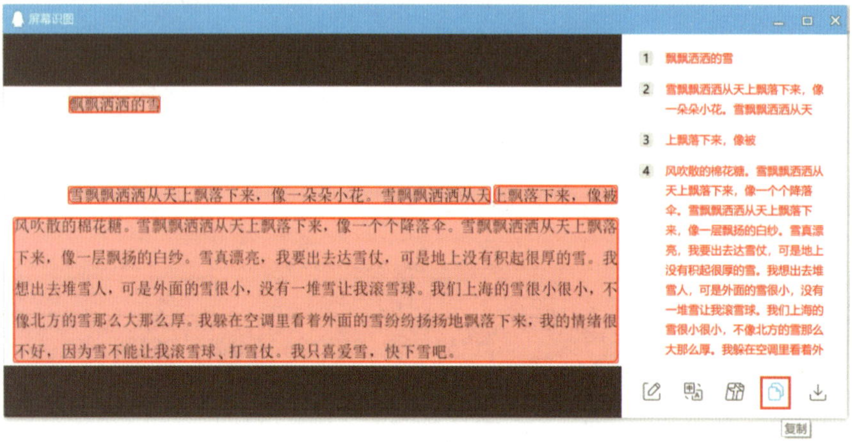

图 2–13 “ ”（复制）按钮

（5）复制所选文字后，打开 WPS 文档，单击鼠标右键，在弹出的快捷菜单中选择“粘贴”选项即可，如图 2–14 所示。

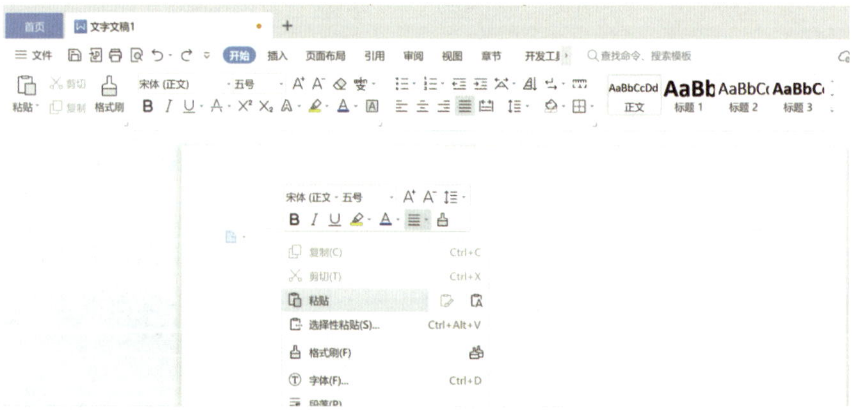

图 2–14 “粘贴”选项

2.2.2 PDF 文件转换为文本文件

“汉王 PDF OCR”文字识别软件有强大的文字处理功能，可以将 PDF 文件快速地转换为可编辑的文本文件。

（1）安装“汉王 PDF OCR”软件。可到“360 软件管家”“太平洋下载中心”“华军软件园”等大型软件下载网站，搜索软件名称关键字“汉王 PDF OCR”，下载并安装最新版本的“汉王 PDF OCR”软件。

（2）运行软件。安装成功后，运行“汉王PDF OCR”软件。软件图标如图2–15所示。

图2–15 “汉王PDF OCR”软件图标

（3）选择“打开图像”选项。在主界面任务栏左上角的“文件”菜单的下拉菜单中选择“打开图像”选项，如图2–16所示。

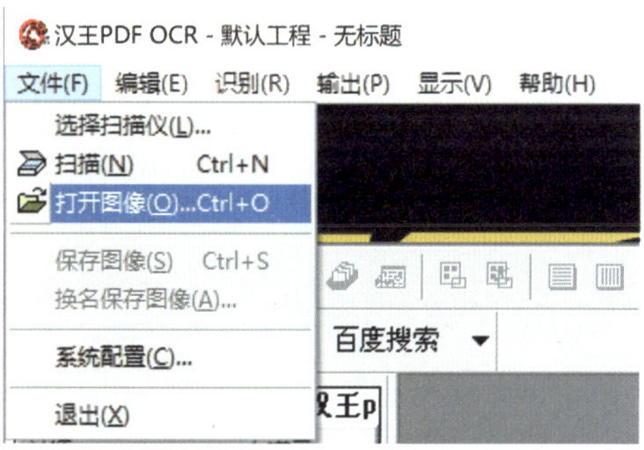

图2–16 “打开图像”选项

（4）选择要转换的PDF文件。查找并选中需要转换的PDF文件，然后单击“PDF转换为TXT文件”按钮，如图2–17所示。注意：不要单击“打开”按钮。

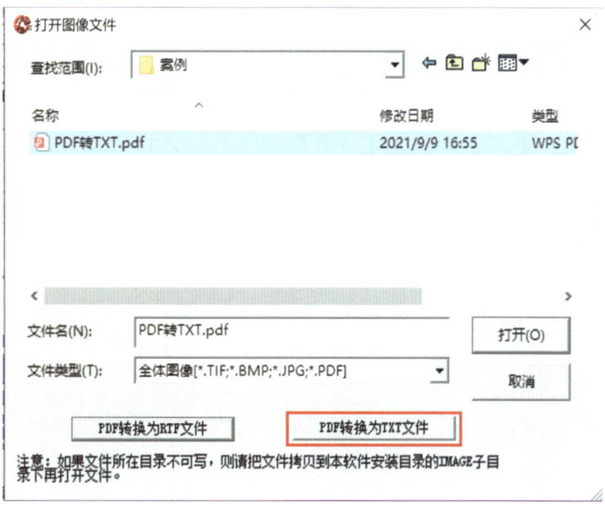

图2–17 “PDF转换为TXT文件”按钮

（5）转换文件。选择需要转换的PDF文件内容，确定是转换全部页面，还是转换部分页面，然后单击“浏览”按钮确定转换后文本文件的保存位置，最后单击“确定”按钮，即可完成转换，如图2–18所示。

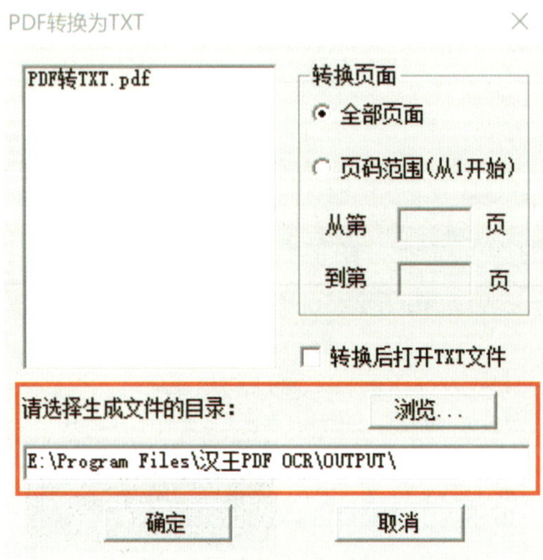

图2–18　完成转换

2.2.3　文本表格化

在处理WPS文字内容的时候，我们通常采用的方法是进行简单的排版，让内容看起来更有条理性。但是，对于某些内容来说，这种方法似乎不太合适，如以下内容更宜做表格化处理。

序号	兴趣班名称	任课教师	授课地点	招收人数	每班限招人数
1	啦啦操	孙欣彤	体能室	20人	3人
2	古筝	孙娟	音乐室	18人	3人
3	绘画	田丰	绘画室	35人	6人
4	葫芦丝	李响	音乐室	24人	4人
5	篮球	陈云峰	操场	35人	5人

我们该如何实现文本的表格化呢?

（1）选中需要转换的文本，单击“插入”→“表格”，在弹出的下拉面板中选择“文本转换成表格”选项，如图2–19所示。

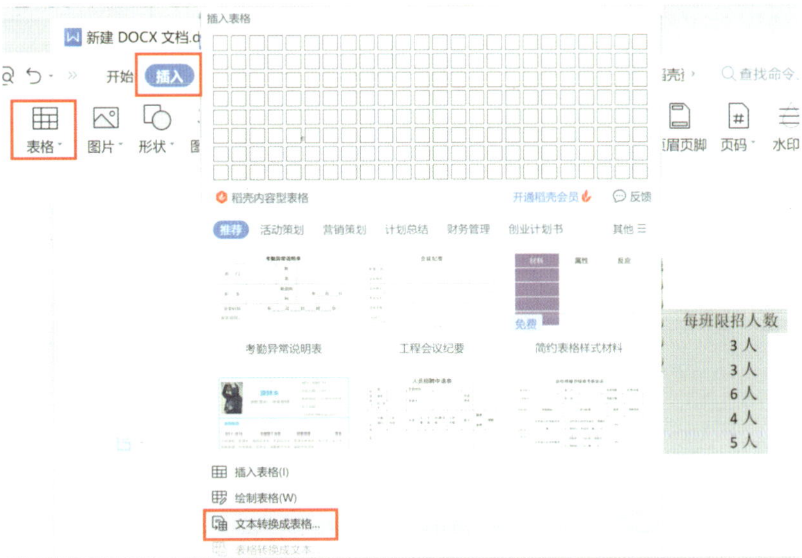

图 2-19 “文本转换成表格”选项

（2）在弹出的对话框中，根据自己的需要来调整行数和列数，选择文字分隔位置，一般 WPS 文档会根据内容默认选择，最后单击“确定”按钮，如图 2-20 所示。

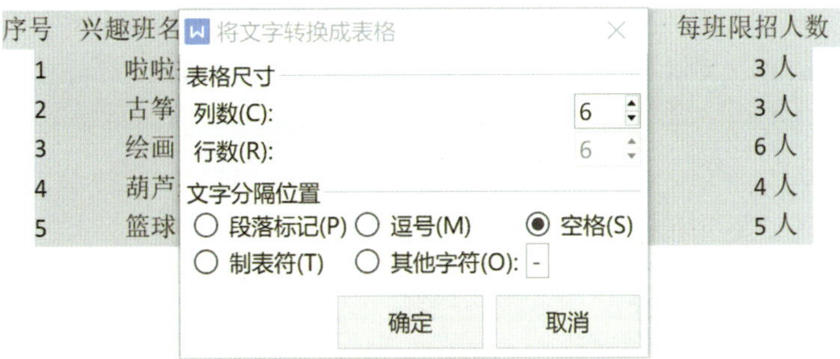

图 2-20 设置行数、列数、文字分隔位置

转换后的效果如图 2-21 所示。

序号	兴趣班名称	任课教师	授课地点	招收人数	每班限招人数
1	啦啦操	孙欣彤	体能室	20 人	3 人
2	古筝	孙娟	音乐室	18 人	3 人
3	绘画	田丰	绘画室	35 人	6 人
4	葫芦丝	李响	音乐室	24 人	4 人
5	篮球	陈云峰	操场	35 人	5 人

图 2-21 转换后的效果

（3）选中整个表格，单击鼠标右键，在弹出的快捷菜单中，选中“自动调整”选项，依次选择子菜单中的“平均分布各行”和“平均分布各列”选项调整表格，如图 2–22 所示。

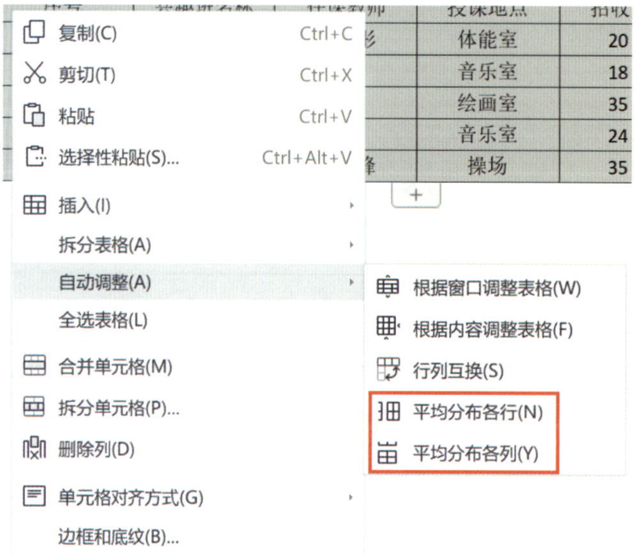

图 2–22 平均分布表格各行、各列

（4）选中表格，单击鼠标右键，选择“表格属性”选项，对行高和列宽进行调整，如图 2–23 所示。

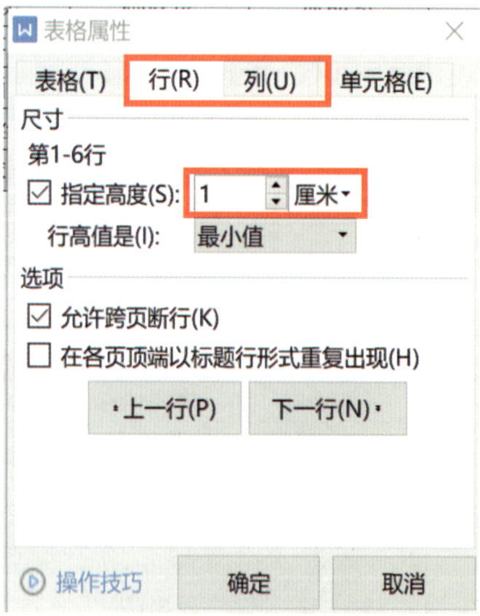

图 2–23 调整行高和列宽

（5）选中表格，单击鼠标右键，选择“单元格对齐方式”菜单项中的子菜单选项，将表格中的文字进行水平居中对齐，如图 2-24 所示。

文字处理练习

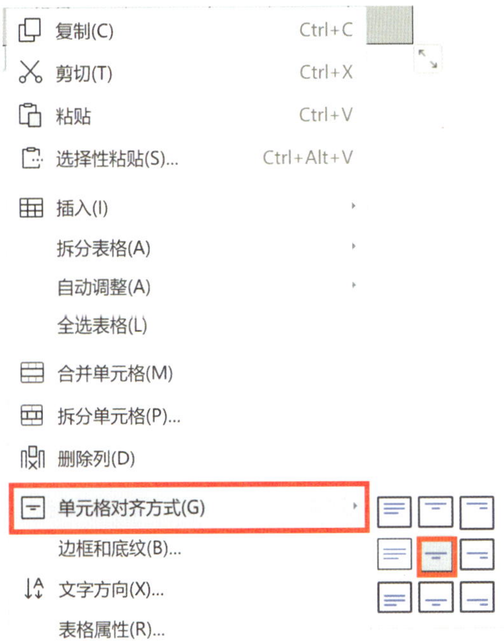

图 2-24　调整表格中文字的对齐方式

调整后的表格效果如图 2-25 所示。

序号	兴趣班名称	任课教师	授课地点	招收人数	每班限招人数
1	啦啦操	孙欣彤	体能室	20 人	3 人
2	古筝	孙娟	音乐室	18 人	3 人
3	绘画	田丰	绘画室	35 人	6 人
4	葫芦丝	李响	音乐室	24 人	4 人
5	篮球	陈云峰	操场	35 人	5 人

图 2-25　调整后的表格效果

（6）选中表格，单击“表格样式”选项卡下的适合的表格样式，如图 2-26 所示。

图 2-26　表格样式

设置后的表格效果如图 2-27 所示。

序号	兴趣班名称	任课教师	授课地点	招收人数	每班限招人数
1	啦啦操	孙欣彤	体能室	20 人	3 人
2	古筝	孙娟	音乐室	18 人	3 人
3	绘画	田丰	绘画室	35 人	6 人
4	葫芦丝	李响	音乐室	24 人	4 人
5	篮球	陈云峰	操场	35 人	5 人

图 2-27　设置后的表格效果

2.3 文本的可视化

文本的可视化是指通过文字的合理安排和形式的各种变化，实现良好的视觉信息传播与形式美的传达。文字的可视化方式取决于人们的阅读方式与设计对象的表达需求。除了满足最基本的要求，文字的可视化还应做到形式与内容统一、主题突出，兼具趣味性与创意性等。

2.3.1　整齐易读

在演示文稿设计中，文字是页面的核心，也是视觉传达最直接的方式。因此，文字的整齐是页面设计中最基本的要求。文字可通过一定的对齐方式来确保整体的统一和阅读的方便，常用的对齐方式包括左对齐、右对齐、两端对齐和居中对齐等。

1. 左对齐

左对齐是指让每一行的文字都统一在左侧的轴线上，右边可长可短。在演示文稿设计中，左对齐的排列方式符合人们从左到右的阅读习惯，而且有空白可以使阅读变得轻松，整齐中又有流动感。文字左对齐的页面效果如图 2-28 所示。

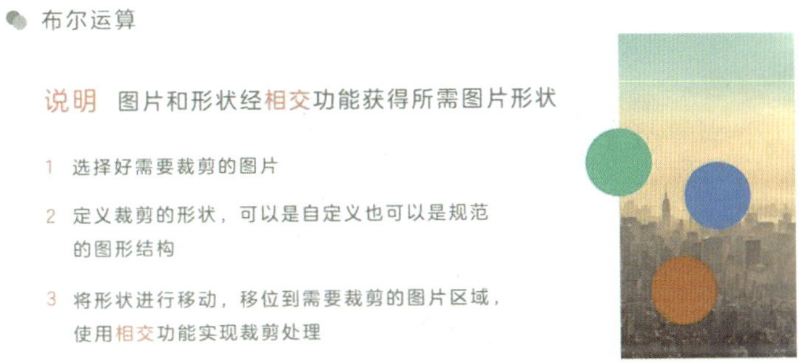

图 2-28 文字左对齐页面效果

2. 右对齐

右对齐的不规则性在律动中富有变化，增加了阅读的趣味性，但这种方式只适合文字的内容较少或文字不是用于阅读而是作为装饰时使用。文字右对齐的页面效果如图 2-29 所示。该页面文字应用了右对齐的排列方式，与人们从左至右的阅读习惯相悖，增强了页面的形式感。

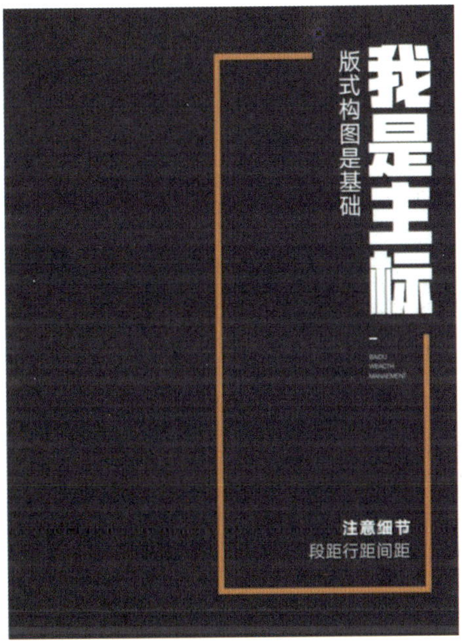

图 2-29 文字右对齐页面效果

3. 两端对齐

两端对齐是文字排版中常见的一种对齐方式，其页面内容从左至右两端长度相等，版面清晰有序。大段文字整体排列，从而形成统一而稳定的页面效果。如图 2-30 所示，该页面文字应用了两端对齐的方式，整齐排列的文字带来秩序感，信息传达效果更好。

图 2-30　文字两端对齐页面效果

4. 居中对齐

居中对齐是指将页面文字以中心线为基准对称排列，左右两端字距相等，使视线更加集中，突出整体特征，很好地解决了版面僵硬、呆板的问题，展现出丰富生动的页面效果。如图 2-31 所示，该页面的中心文字应用了居中对齐的排列方式，令视线集中，并产生了一定的图形感，视觉效果较强。

图 2-31　文字居中对齐页面效果

2.3.2　运用对称

在演示文稿设计中，常常会选用最简单、最方便阅读的排版方式，而对称就是其中的一种。合理地将文本进行对称排列，能够增强页面的整洁性。文字的对称方式主要分为两种，即左右对称和上下对称。

1. 左右对称

左右对称是指环绕一个中心点或者轴心，两侧元素力量均等、平衡。对称均衡给人一种很正式而安定的感觉。在演示文稿设计中，文字的左右对称具有空间上的平衡美感，从而给人一种完美的视觉效果。如图 2-32 所示，该页面文字应用了左右对称的排列方式，使页面获得一定的平衡效果，显得整体统一而稳定。

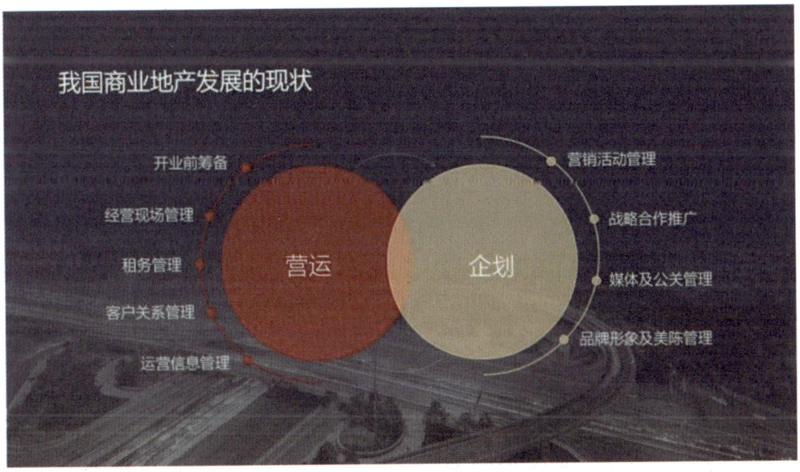

图 2-32　左右对称排版页面效果

2. 上下对称

上下对称是指将页面横向分为上下两个部分，上下两部分元素均等。横向分割略显呆板，但上下对称后能够使页面产生一种和谐而稳定的视觉效果。在演示文稿设计中，文字的上下对称使得页面整齐而有秩序。如图 2-33 所示，该页面文字采用了上下对称的排列方式，页面内容丰富、整齐有序，不失可读性与美观性。

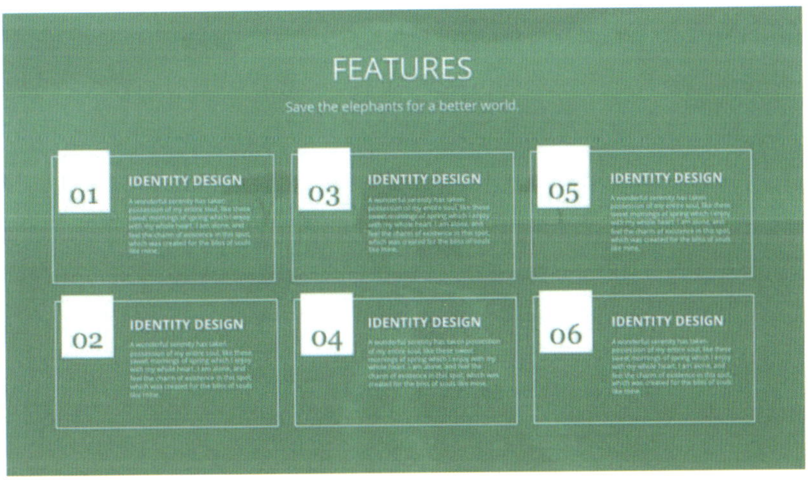

图 2-33　上下对称排版页面效果

2.3.3 页面中的留白

留白是版面中未放置任何图文的空间，它是“虚”的特殊表现手法，其形式、大小和比例影响着版面的质量。在排版设计中，巧妙的留白可以更好地衬托主题、集中视线和打造页面的空间层次。

在演示文稿设计中，文字四周的适当留白可以增强版面的空间感和品质感。在运用留白时要注意既要彰显画面的意境美，又要使画面不出现失重现象。如图 2–34 所示，该页面在主题文字周围安排了大面积的留白，没有过多元素的干扰，整个版面显得开阔透气，给人以品质高端的感觉。

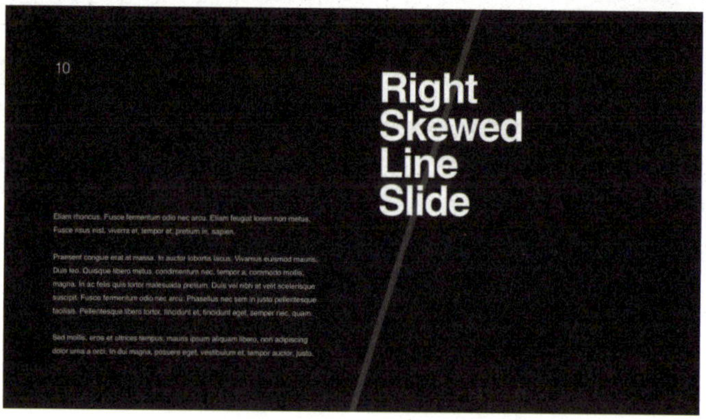

图 2–34　留白设计页面效果

2.3.4 图文混排

图文混排是指文字和图形相辅相成，相映生辉，使版面产生秩序美感。在PPT设计中处理好版面设计中的图文混排效果，更好地表达主题是版面设计成功的关键。图片与文字的边线在同一页面中应当是统一的，这里的统一并不是指版面中的所有元素都采用同样的编排形式，那样会使版面呆板无趣，而是应当在统一中有所变化。统一图文的边线就是一种有效的图文混排处理方法。

在演示文稿页面设计中对图片和文字进行混排时，要注意两者之间的位置关系，尽量避免因为图片而影响文字的可读性。图片的编排应当在方案视线流动的基础上进行，从而避免造成版面的混乱，破坏整体页面的视觉流畅性。

下面以两种版式为例进行介绍。

1. 文字图片对称版式

调整前，页面中的图片将文字从中间分隔开来。这样的编排方式破坏了内容的连续性，并且还会使观看者混淆文字内容，如图 2–35 所示。

图 2-35 原排版页面效果

对页面中的图片位置进行调整，将图片放到右上角的位置，与文字形成对角对称，稳定了版面，并保证了整体内容的顺畅阅读，如图 2-36 所示。

图 2-36 调整后页面效果

2. 字绕图版式

为了保证图像和文字的独立，可以采用文字绕图的版式进行图文混排。但图像和文字之间要保持一定的距离，以确保两者不会重叠，从而实现在大段连贯文字间穿插图像的可能性。如图 2-37 所示，该页面运用了字绕图的版式，图片与文字之间保持一定距离，分别独立地显示出来，使二者既能相互阐释又互不影响。

图 2-37　字绕图版式效果页面

幻灯片
制作练习

WPS 文字
操作训练

学习测评

1. 常见的演示文稿（幻灯片）制作误区有哪些？如何避免这些误区？

2. 请利用本章中给出的攻略和演示文稿（幻灯片）制作技巧，美化你之前所做的演示文稿（幻灯片）。

3. 请利用本章所讲授的方法和技巧，制作一个教学用演示文稿（幻灯片）。

第3章 图像处理技术

学习目标

知识目标

1. 通过学习图像的基础知识，了解图像的概念、类型和基本属性。
2. 通过学习图像的获取知识，了解获取图像素材的途径。
3. 通过学习图像的处理技术，掌握Adobe Photoshop的基本操作，掌握图像的修改、合成和渲染技术。

能力目标

1. 探讨学习图像的获取方法和美化思路。
2. 能在图像的处理过程中融入爱国主义教育思想。

素质目标

1. 通过实用的图像处理技术激发学习兴趣，在实践过程中不断提高动手能力，逐步树立自信心。
2. 通过对教学图像的选择激发对祖国文化和大好河山的热爱之情，能够对学生进行爱国主义思想教育。

3.1 图像概述

在多媒体技术中，图像是以数字化文件的形式存储在计算机中的数据，其中包含轮廓、颜色和分辨率等属性信息。按照文件格式和存储原理的不同，图像主要分为位图和矢量图。位图也称为点阵图或者栅格图，由多个像素点汇集而成。位图的清晰度受到分辨率的影响，当图像被放大时，像素点也会被放大，在放大到一定程度后，会出现我们常见的马赛克状。矢量图也称为面向对象的图像或者绘图图像，由一系列点和线组成。矢量图与分辨率无关，任意缩放后不会影响清晰度。

图像处理

3.1.1 常见的位图文件格式

BMP格式是一种与硬件设备无关的图像文件格式，采用位映射存储格式，不采用任何压缩技术。因此BMP格式的图像文件占用空间较大，但是能保证不丢失图像信息。因为BMP格式是Windows环境中一种图像数据交换标准，所以运行在Windows环境下的图形图像软件都支持BMP图像格式。

JPEG格式是由联合图像专家组制定的一种最常见的图像文件格式，文件扩展名为“.jpg”或者“.jpeg”。该格式使用有损压缩方式去压缩图像数据，在获得极高的压缩比的同时能尽量保证图像质量，因此可以用较小的磁盘空间得到较好的图像品质。JPEG格式主要压缩高频信息，对色彩的信息保留较好，适合应用于互联网。它支持24位真彩色，也普遍应用于需要连续色调的图像。JPEG技术允许用不同的压缩比对文件进行压缩，支持多种压缩级别，压缩比越大，品质就越低；压缩比越小，品质就越高。

GIF格式是一种基于LZW算法的连续色调的无损压缩图形交换格式，几乎所有软件都支持它。它采用可变长度等压缩算法，图像深度从1位到8位，最多支持256种色彩的图像。GIF格式允许在一个GIF文件中存放多幅彩色图像，把存于一个文件中的多幅图像数据逐幅读出并显示到屏幕上，就能构成一种最简单的动画效果。

PNG格式是一种便携式网络图像格式，能够提供长度比GIF格式小30%的无损压缩图像文件，是一种被互联网广泛应用的图像文件格式。PNG格式具有支持高级别无损耗压缩、支持Alpha通道透明度、支持Gamma校正和支持交错等优点，但也具有无法和旧版本浏览器兼容的缺点。

3.1.2 常见的矢量图文件格式

SWF格式是二维动画软件Flash中的矢量动画格式，能够用比较小的体积来表现丰富的多媒体形式。在网络环境中，SWF格式的文件可以边下载边观看，因此主要用于在Web页面上发布动画。

SVG格式是一种基于XML技术的可缩放矢量图形格式，可任意放大图像，可以用代码来描绘图像，能够在文字处理软件中打开。因为这种格式的图像没有字体的限制，生成的文件很小，下载速度很快，所以可以随时插入HTML中，再配合高分辨率，通过浏览器来观看。

EPS格式是一种采用PostScript语言进行描述的跨平台标准格式，主要用于矢量图像和光栅图像的存储。EPS格式的文件可以保存一些其他类型信息，例如多色调曲线、Alpha通道、分色、剪辑路径、挂网信息和色调曲线等，因此EPS格式常用于印刷或打印输出。

WMF格式是一种常见的图元文件格式，具有文件短小、图案造型化等特点。WMF格式的文件常由各个独立的组成部分拼接而成，但其图形往往较粗糙。

3.1.3 图像的基本属性

像素（pixel，缩写为px）是计算机屏幕上能显示的最小单位。像素是一个可以单独受控显示颜色的小点。计算机屏幕上显示的图像并不是连续的，而是由大量的像素点汇聚成的。像素深度是指存储每个像素所用的二进制位数，决定彩色图像的每个像素可能有的颜色数，或者确定灰度图像的每个像素可能有的灰度级数。

分辨率是一种决定位图图像细节精细程度的单位，指图像中像素点的密度。分辨率可分为显示分辨率、图像分辨率、打印分辨率和扫描分辨率。显示分辨率指的是屏幕横纵向上的像素点数。图像分辨率指的是数码相机输出照片的最大分辨率。打印分辨率指的是打印机或者冲印设备的输出分辨率。扫描分辨率是指通过扫描元件将扫描对象每英寸可以被表示成的点数。分辨率的单位有dpi（点每英寸）、lpi（线每英寸）和ppi（像素每英寸）等。

RGB色彩模式是工业界的一种颜色标准，是通过对红（R）、绿（G）、蓝（B）三个颜色通道的变化以及它们之间相互的叠加来得到各式各样的颜色的。计算机显示器大都采用了RGB颜色标准，一般都能显示32位颜色，显示超过一千万种的颜色。

3.2 图像的获取

在数字化和互联网时代，有许多获取图像的途径和方法，例如使用照相机或者手机拍摄、从光盘中读取、从互联网中下载、使用扫描仪扫描、使用计算机软件绘制等。使用计算机软件绘制图像对技术的要求较高。使用照相机、手机、光盘或者扫描仪等设备获取图像时，需要使用相应的电子设备，例如从光盘中读取图像需要使用光驱设备。在电子设备受限的情况下，人们常常会选择从互联网中获取图像。

从互联网中获取图像的途径和方法有很多。首先是使用和图片内容相符的关键字在搜索引擎网站中搜索相关资源。例如，使用"太阳花"作为关键字在百度网站中进行搜索，可以得到如图 3–1 所示的搜索结果。

图 3–1　使用关键字"太阳花"的搜索结果

在百度中，可以选择"图片"选项切换到图片列表页面，更直观地浏览与关键字"太阳花"有关的图片缩略图列表，如图 3–2 所示。

图 3–2 “图片”选项切换结果

在图 3–2 的结果中找到满意的图像后，可以单击图像缩略图进入图片详情页面。在图像详情页面中能够看到图像资源的“下载”超链接，如图 3–3 所示。

图 3–3 图像的详情页面

单击“下载”超链接后，会触发浏览器的下载程序，按照提示将图像以指定的文件名下载到计算机中指定的位置即可，如图 3–4 所示。

图 3-4　图像的下载

在对图像分辨率要求不高的情况下，可以使用计算机的截图功能获取免费图像。计算机中截图的方法有很多，例如使用QQ或者微信等软件自带的截图功能，或者使用计算机操作系统中安装的截图软件等。常用的截图软件有FastStone Capture、Snipaste和oCam，这些软件的部分功能可能需要收费。Windows系列的操作系统提供了截图快捷键，例如直接按下键盘右上角的PrintScreen键可以快速截取当前屏幕中的所有内容到剪切板，按下组合键Win+Alt+PrintScreen可以只截取当前活动窗口中的画面。在使用快捷键截图后，图像只是暂时缓存在剪切板中，我们需要及时保存图像，例如粘贴到画图软件并进行保存。

3.3 Adobe Photoshop的基本知识

Adobe Photoshop简称PS，是Adobe Systems公司开发的一款专业图像处理软件。

Adobe Photoshop主要用于处理位图图像，被广泛用于图形图像的后期效果加工。Adobe Photoshop自1990年发布以来，功能不断更新。Adobe Photoshop 8于2003年被更名为Adobe Photoshop CS。Adobe Photoshop CS6是CS系列的最后一个版本，CS系列于2013年被CC系列取代。Adobe Photoshop CC在Adobe Photoshop CS6的基础上增加了相机防抖动功能，对CameraRAW功能、图形采样和操作面板等进行了改进，并提供Creative Cloud功能。

3.3.1　Adobe Photoshop CC的获取与安装

本书使用的Adobe Photoshop CC需要运行在64位Windows 7及以上版本或MAC OS 10及以上版本操作系统中，可以在Adobe Systems中国官网（https://helpx.adobe.com/cn/download-install.html）中购买下载安装程序，也可以在国内各大软件下载平台中购买下载安装版。

Adobe Photoshop CC绿色版无须安装，解压后即可使用。将下载后的Adobe Photoshop CC绿色版压缩包解压，可以得到一个文件夹。进入文件夹后，找到并双击“Photoshop.exe”文件即可启动Adobe Photoshop CC，如图3–5所示。

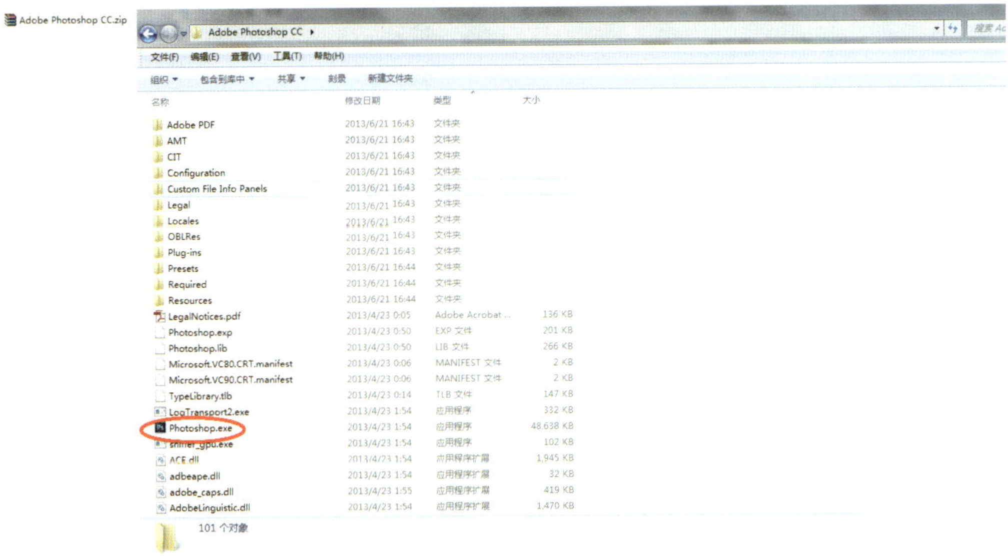

图3–5 Adobe Photoshop CC 绿色版

Adobe Photoshop CC安装版需要在计算机中安装。首先右键单击Photoshop CC的安装包，在弹出的快捷菜单中选择解压到“Photoshop CC”，如图3–6所示。

图3–6 解压 Adobe Photoshop CC 安装包

打开解压后得到的文件夹“Photoshop CC”，右键单击“Set-up.exe”文件，选择“以管理员身份运行”命令，启动Adobe Photoshop CC安装程序，如图3–7所示。

图 3-7　启动 Adobe Photoshop CC 安装程序

已经有 Adobe ID 的用户可以直接输入账号密码登录，没有 Adobe ID 的用户需先单击“获取 Adobe ID”按钮，在弹出的“注册”窗口中注册一个账号，如图 3-8 所示。

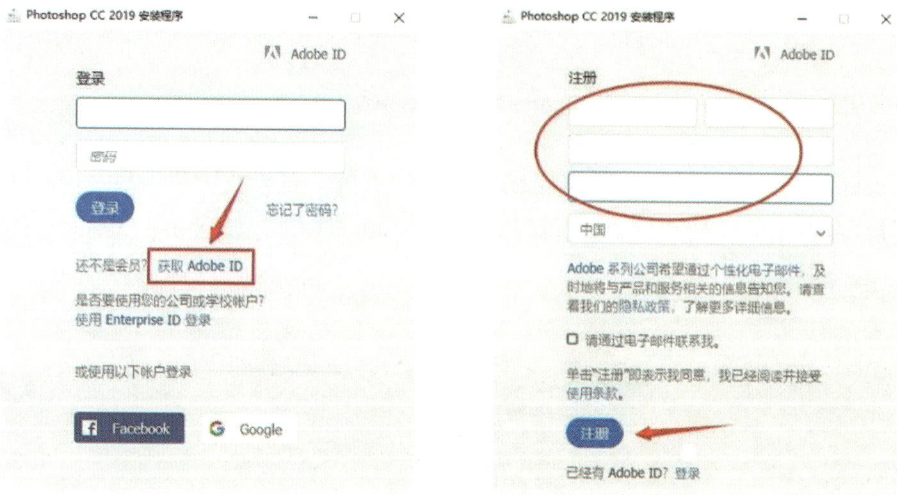

图 3-8　登录或者注册 Adobe ID

完成登录或者注册后进入 Adobe Photoshop CC 的安装过程，用户需要稍等片刻，如图 3-9 所示。

图 3-9　Adobe Photoshop CC 的安装过程

3.3.2　Adobe Photoshop CC的操作界面

启动Adobe Photoshop CC后可以进入操作界面。Adobe Photoshop CC的操作界面分为工具栏、菜单栏、选项栏、浮动面板和工作窗口五个部分，如图 3-10 所示。菜单栏提供一系列图像处理指令，主要包括文件、编辑、图像、图层、类型、选择、滤镜、视图、窗口和帮助等操作。工具栏提供图像处理过程中的各种工具，例如选区工具、魔棒工具、剪裁工具等。选项栏用于对选中的工具进行参数设置以及更换工具预设等。浮动面板提供图像处理过程中的各种辅助功能，主要包括查看图像中任意区域，查看图像信息，设置图像前景和背景色，管理图像中的画笔、图层、通道、路径，以及历史工具的使用等。

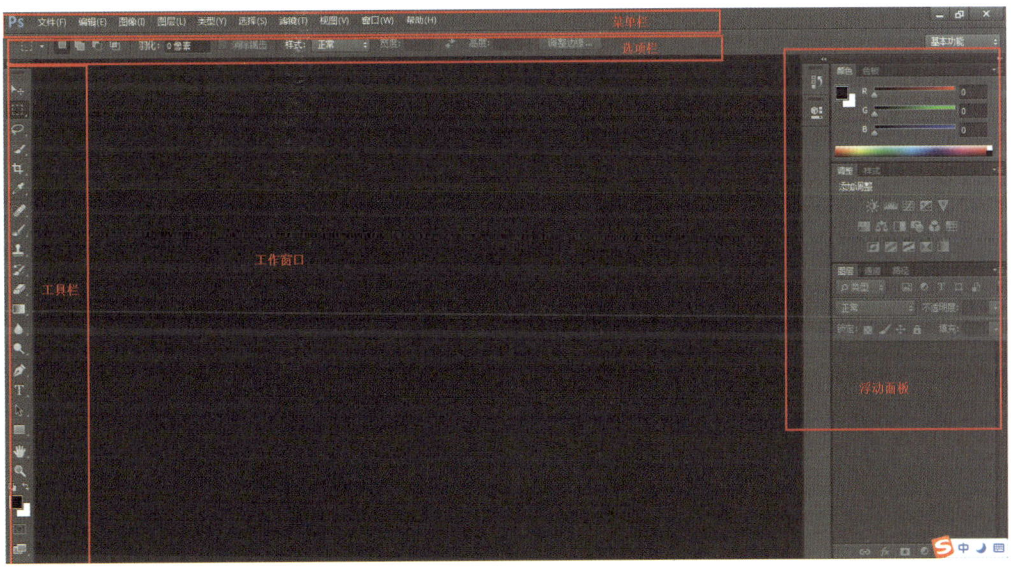

图 3-10　Adobe Photoshop CC 操作界面

3.3.3 Adobe Photoshop CC的常用快捷键

为了方便用户快速调用指令对图像进行处理，Adobe Photoshop CC提供了一系列快捷键，表3-1给出了常用的快捷键。

表3-1 常用快捷键

快捷键	作用	快捷键	作用
【Ctrl】+【N】	新建图形文件	【Ctrl】+【T】	自由变换
【Ctrl】+【O】	打开已有的图像	【Ctrl】+【Alt】+【I】	打开“图像大小”对话框
【Ctrl】+【Shift】+【S】	另存为	【Ctrl】+【Alt】+【C】	打开“画布大小”对话框
【Ctrl】+【Shift】+【N】	新建图层	【Ctrl】+【L】	打开“色阶”对话框
【Ctrl】+【I】	反相	【Ctrl】+【U】	打开“色相/饱和度”对话框
【Ctrl】+【Shift】+【U】	去色	【Shift】+【Alt】+【H】	强光
【Shift】+【Alt】+【G】	变亮	【Shift】+【Alt】+【F】	柔光
【Ctrl】+【A】	全部选取	【Ctrl】+【D】	取消选择
【Ctrl】+【Shift】+【I】	反向选择	【Ctrl】+【J】	复制当前图层

3.4 图像处理技术

在Adobe Photoshop CC中可以对图像进行抠图、修图、调色、合成和添加特效等操作。掌握基于Adobe Photoshop CC的图像处理技术，可以帮助我们解决一些与图像效果有关的问题。

3.4.1 更换证件照背景颜色

证件照是我们生活中常用的图像。在不同的使用场合，我们会被要求提交不同背景颜色的证件照。为了降低拍摄成本，我们可以用Adobe Photoshop CC对已有的证件照进行处理，更换图像的背景颜色，例如将蓝色背景更换成红色背景。

（1）在Adobe Photoshop CC中选择“文件”菜单→“打开”选项，选择并打开需要处理的图像文件，如图3-11所示。

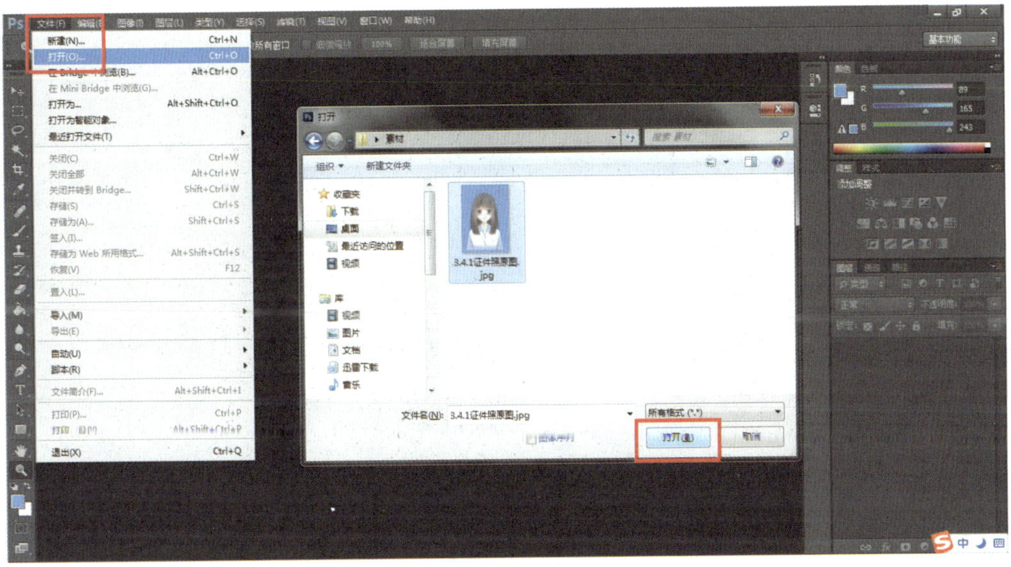

图 3–11　打开图像

（2）为了保护原图，在浮动面板中找到“图层”面板，单击选中“背景”图层，使用快捷键【Ctrl】+【J】快速复制“背景”图层，得到一个和“背景”图层一模一样的“图层 1”，如图 3–12 所示。

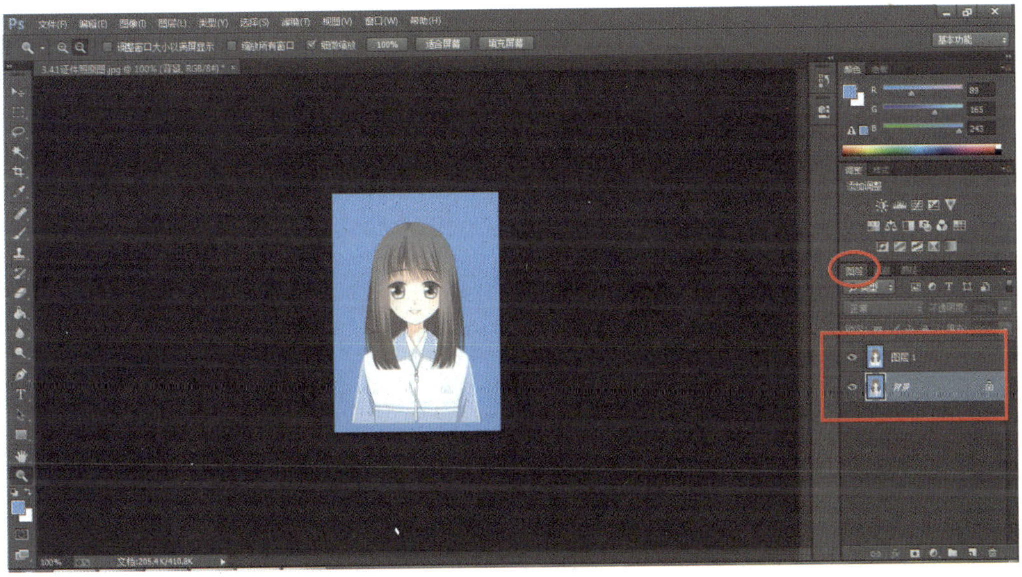

图 3–12　复制图层

（3）单击选中“图层”面板中的“图层 1”，在“工具栏”中右键单击第四个工具，单击选中“▪”（魔棒工具），切换工具界面如图 3–13 所示。

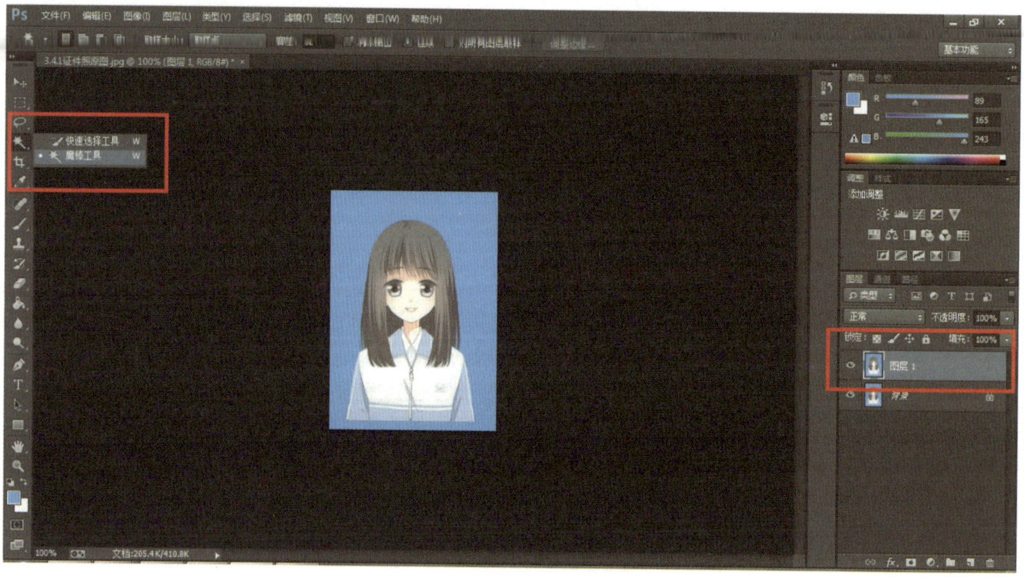

图 3-13　切换工具

（4）“魔棒工具”可以快速选择颜色基本相同的区域，达到快速抠图的目的。使用“”（魔棒工具）单击图像的蓝色背景，得到被虚线框住的图像背景选区，如图 3-14 所示。

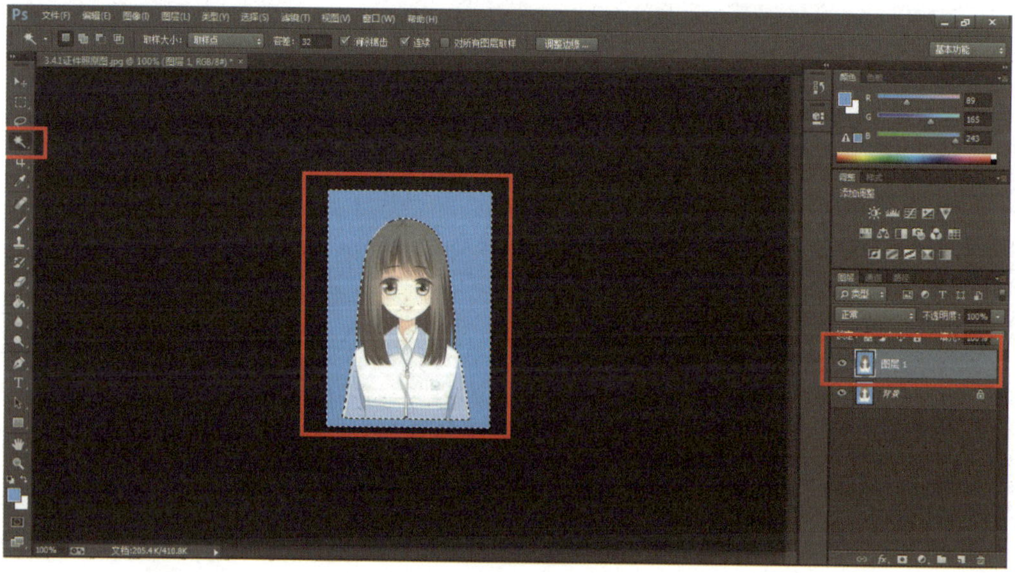

图 3-14　选中背景

（5）在工具栏中单击“”（设置前景色工具），在弹出的对话框中设置一种红色作为新的前景色，如图 3-15 所示。

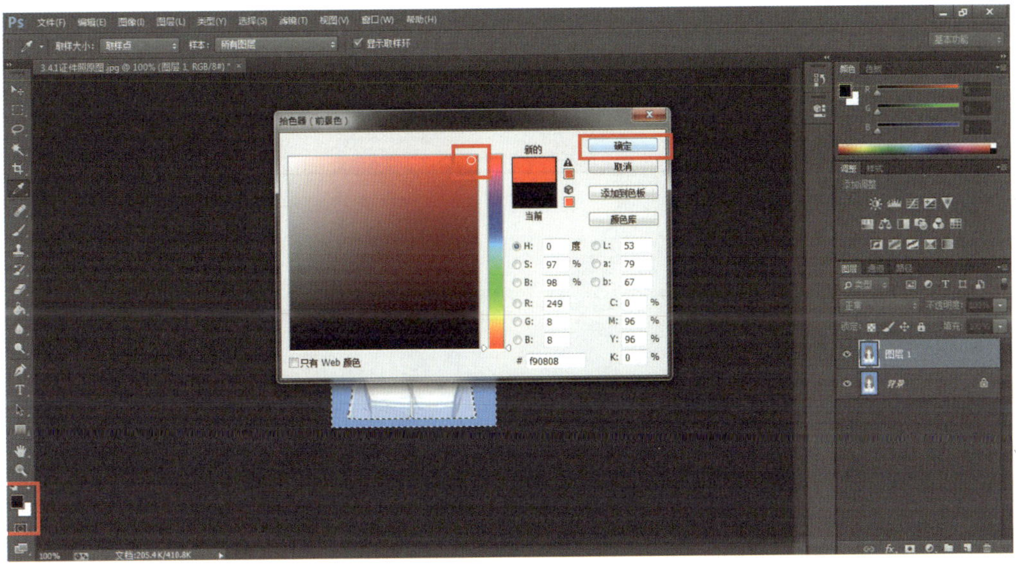

图 3–15　设置前景色

（6）在工具栏中找到并单击“”（油漆桶工具），在“图层 1”的选区上单击，改变该选区的颜色，如图 3–16 所示。

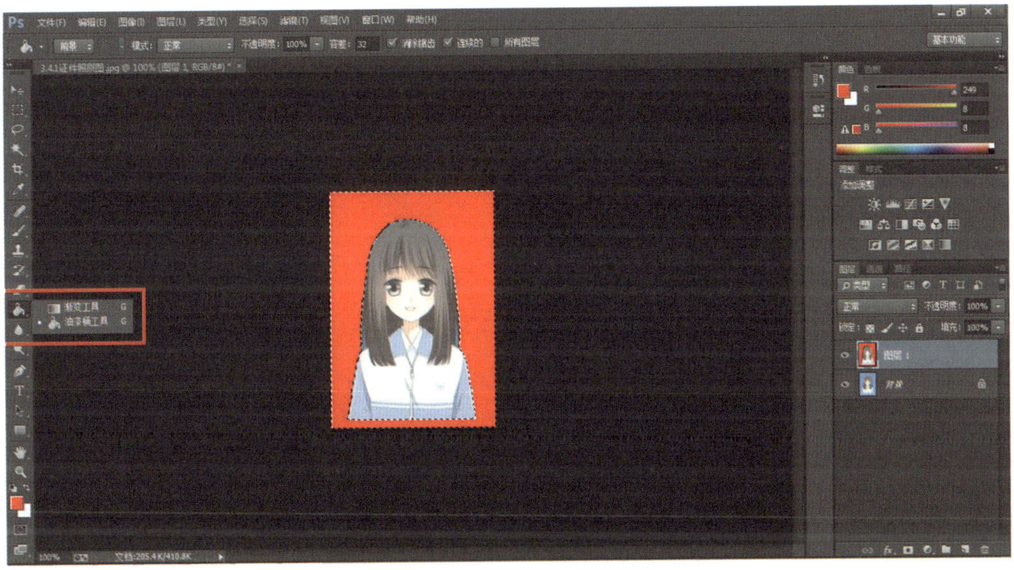

图 3–16　改变选区颜色

（7）图像人物的头发部分可能存在未改变的背景颜色，可以用“”（缩放工具）的放大功能将图片放大，重复步骤（3）、（4）和（6），将所有的蓝色背景更换成红色，如图 3–17 所示。

图 3–17　细节处理

（8）选择“文件”菜单→“存储为”选项，将处理好的图像另存为新的文件，在“保存类型”的下拉列表中，可以选择图像的类型，如图 3–18 所示。

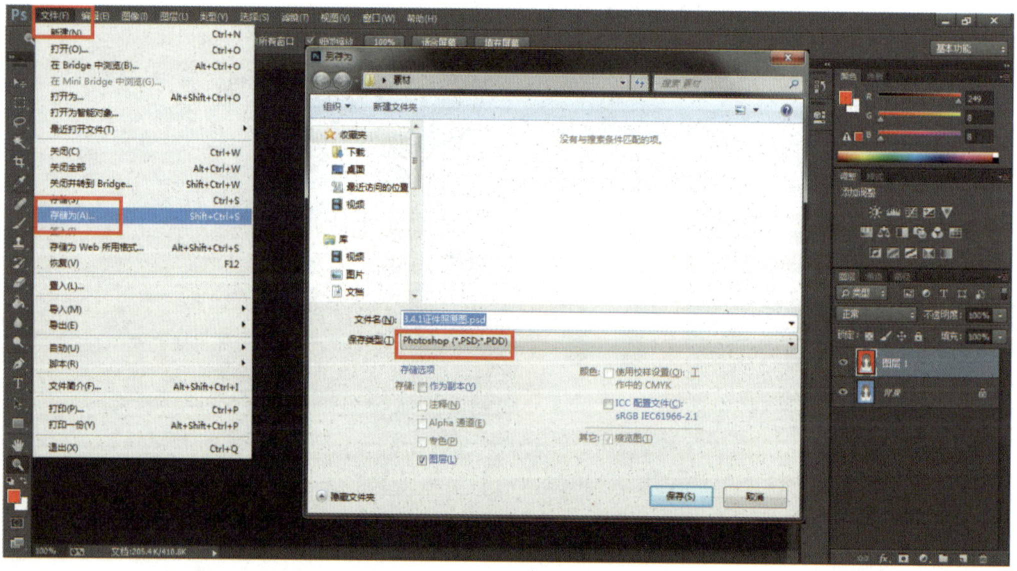

图 3–18　存储图像

PSD格式是Adobe Photoshop CC的一种图像文件格式，它可以记录在Adobe Photoshop CC中设置的各个图层信息，方便用户二次处理图像文件。如果希望存储为普通图像文件，可以选择JPEG格式，Adobe Photoshop CC会合并所有图层并生成一个完整的图像文件。图 3–19 是储存为JPEG格式的最终图像效果。

图 3-19　JPEG 格式图像效果

3.4.2　图像合成

图像合成指的是从几幅图像中选择部分内容组合成新的图像，其中涉及抠图、合成和图层设置等操作技巧。例如将图 3-20、图 3-21 和图 3-22 合并成图 3-23 的效果。

图 3-20　摆件

图 3-21　草地

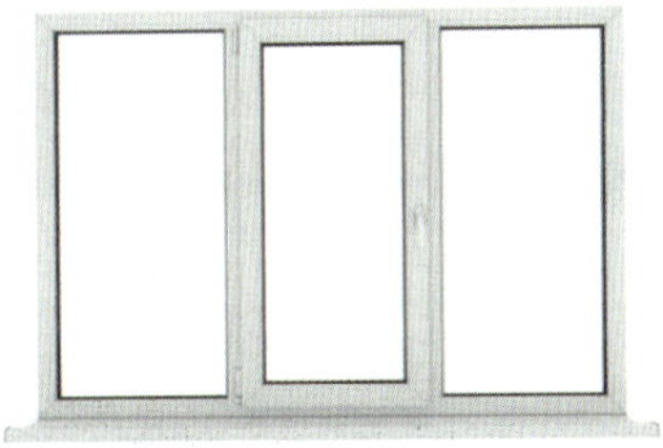

图 3-22　窗子

图 3-23　合成效果图

（1）在 Adobe Photoshop CC 中打开图像“摆件”“草地”和“窗子”，如图 3-24 所示。

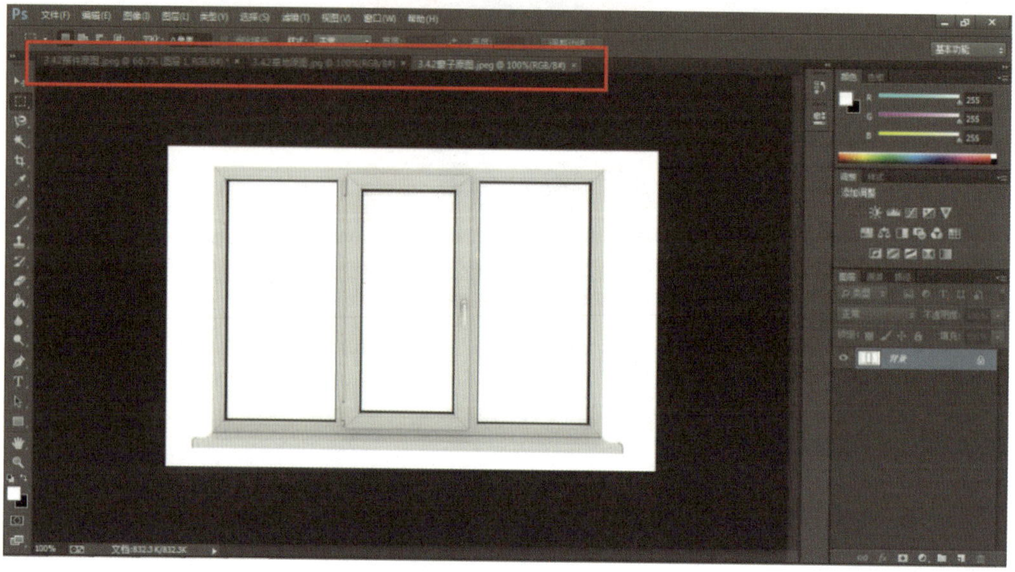

图 3-24　打开三幅图像

（2）我们将图像“窗子”作为主体，将图像“草地”和图像“摆件”合并进来。复制图像“窗子”的背景图层，得到“图层 1”。使用“ ”（移动工具）对图像“草地”的工作窗口标签进行拖拽，使它悬浮，如图 3-25 所示。

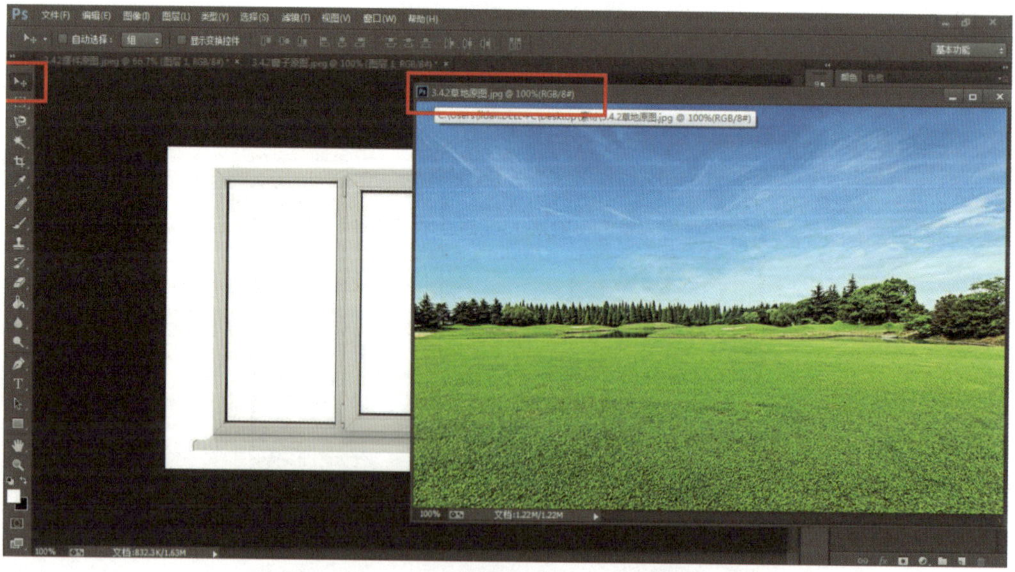

图 3-25　拖拽图像“草地”的工作窗口

（3）使用“▶+”（移动工具）将图像“草地”的内容拖拽到图像“窗子”中，再关闭图像“草地”的工作窗口，得到“图层 2”，如图 3–26 所示。

图 3–26　合并图像“草地”到图像“窗子”中

（4）在图像“窗子”中单击“图层 2”，使用“▶+”（移动工具）调整草地的位置。在图层面板中，选中“图层 1”并将其拖动到“图层 2”上方。单击取消“背景”图层前方的“可见性”图标。操作界面如图 3–27 所示。

图 3–27　调整图像“窗子”的图层

（5）在图像“窗子”中选中“图层 1”，单击浮动面板底部的“ ”（添加图层蒙版）按钮。单击选中“图层 1”的蒙版 。单击工具栏中“ ”（默认前景色和背景色）按钮，再单击“ ”（切换前景色和背景色）按钮，确保前景色为黑色。

（6）单击工具栏中的“ ”（魔棒工具），然后单击图像“窗子”的“一扇玻璃”。操作界面如图 3-28 所示。

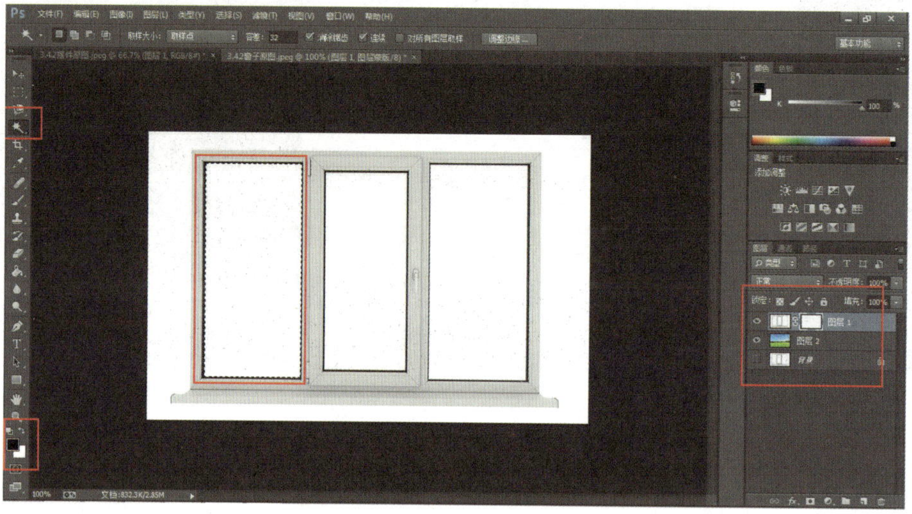

图 3-28　添加图层蒙版

（7）在图像“窗子”中单击工具栏中的“ ”（油漆桶工具），再在选中的玻璃上单击，此时玻璃将消失，“图层 2”的草地将透过该玻璃显示出来，如图 3-29 所示。

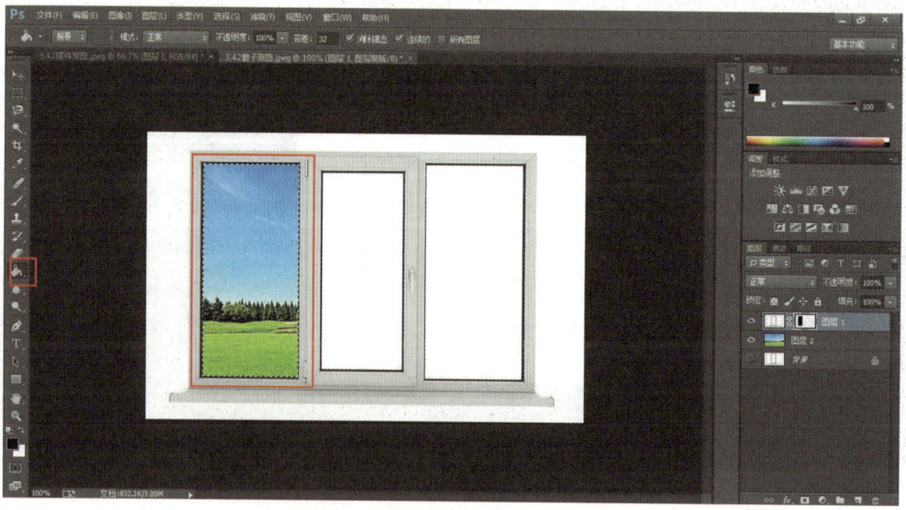

图 3-29　使用图层蒙版

（8）在图像“窗子”中对剩下的两扇玻璃重复步骤（6）和（7）。双击“图层 1”的蒙版 ，打开蒙版的属性面板，调整蒙版的浓度属性，改变玻璃的清晰度，如图 3–30 所示。

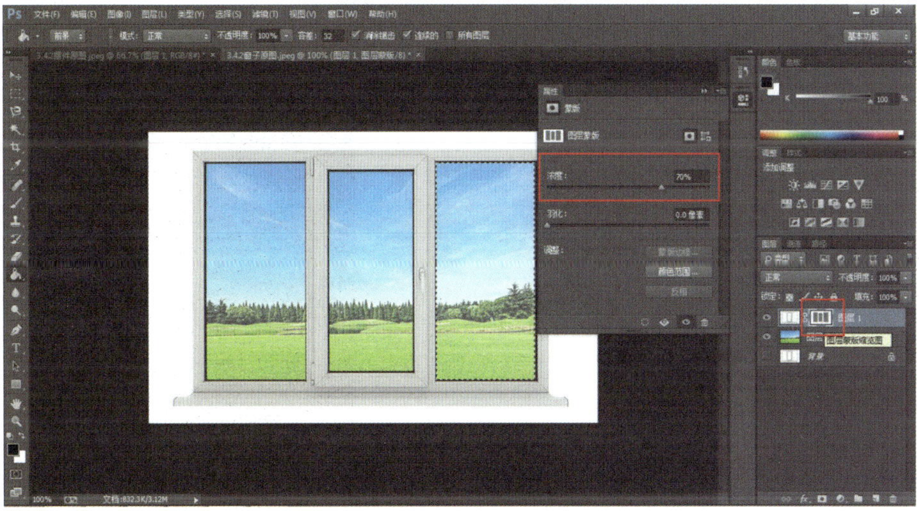

图 3–30 设置图层蒙版属性

（9）切换到图像“摆件”，找到并单击工具栏中的“”（磁性套索工具），使用该工具沿着摆件的轮廓走一圈。首先在摆件的轮廓边缘单击一次，然后将鼠标沿着摆件的轮廓边缘移动，在关键的位置可以再单击一次鼠标，再继续移动鼠标，直到回到起始点，如图 3–31 所示。

图 3–31 使用磁性套索工具抠图

（10）当磁性套索的轨迹形成一个闭合的圈时，轨迹围成的区域将成为选区。利用快捷键【Ctrl】+【J】快速复制选区生成“图层 1”。效果如图 3–32 所示。

图 3–32　快速复制选区效果

（11）在图像“摆件”中单击“图层 1”，重复步骤（2）和（3），将图像“摆件”的“图层 1”拖拽到图像“窗子”中。效果如图 3–33 所示。

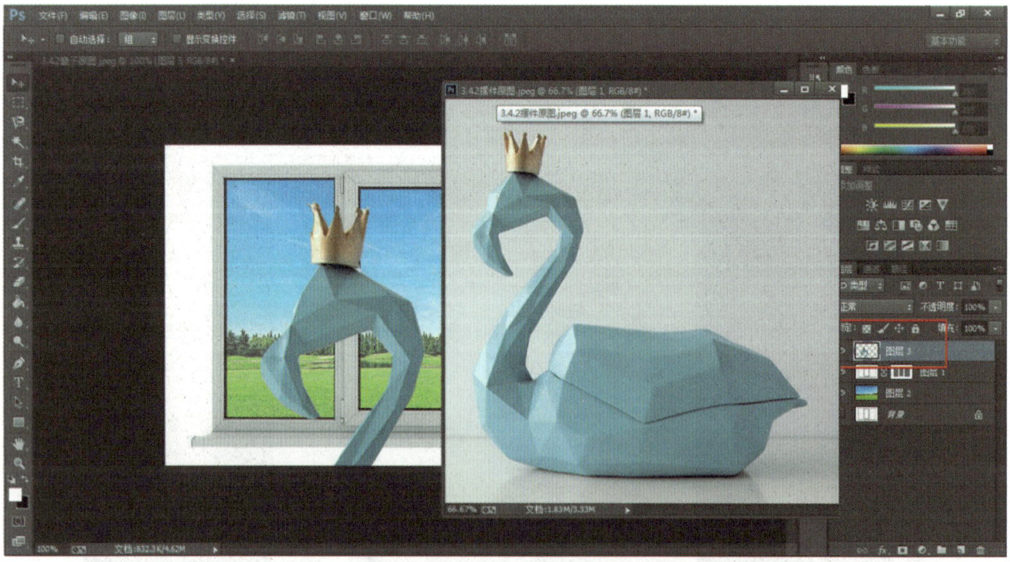

图 3–33　图层的移动效果

（12）关闭图像“摆件”。在图像“窗子”中，单击选中摆件所在的“图层 3”，使用快捷键【Ctrl】+【T】，进入“图层 3”的自由变换模式。按住Shift键，等比例缩小摆件的大小。效果如图 3-34 所示。

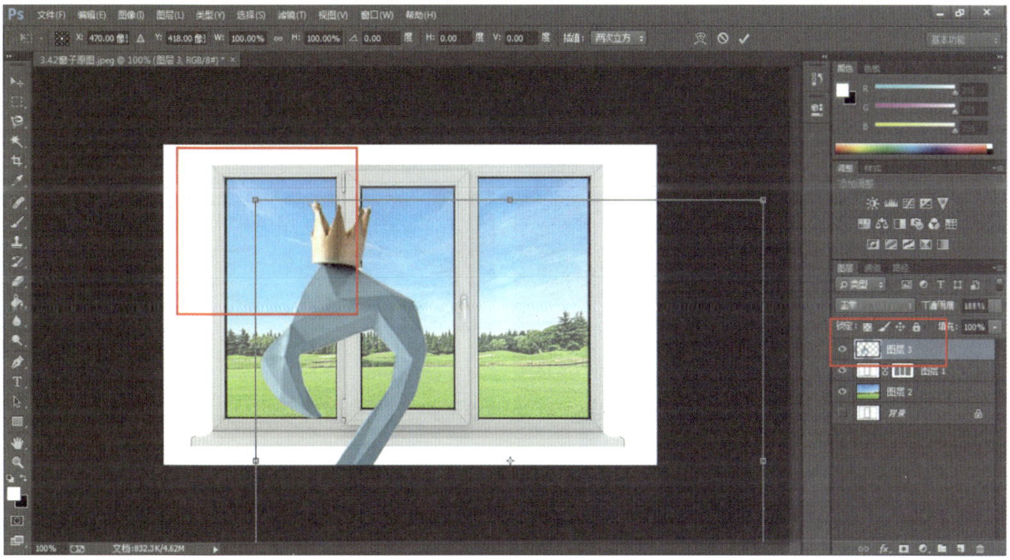

图 3-34 图像的自由变换模式

（13）单击工具栏的“▶+”（移动工具）退出图像的自由变换模式，使用“▶+”（移动工具）将摆件移动到合适的位置。最终效果图如图 3-35 所示。

图 3-35 最终效果图

（14）按照需要将结果存储为相应格式的图像文件。

3.4.3 图像特效

Adobe Photoshop CC可以在图像中添加特效，例如破碎粒子、流体、光晕等。我们可以利用Adobe Photoshop CC在图3-36所示的图像中添加太阳光照效果，得到如图3-37所示的效果。

图3-36 山谷

图3-37 山谷中的阳光

（1）在Adobe Photoshop CC中打开图像“山谷”，快速复制“背景”图层，得到“图层1”。单击浮动面板下方的“”（创建新图层）按钮，在图层1上方新建空白的“图层2”。

（2）单击选中“图层2”，将前景色设置为黑色，利用“”（油漆桶工具）将图层2填充为黑色，如图3-38所示。

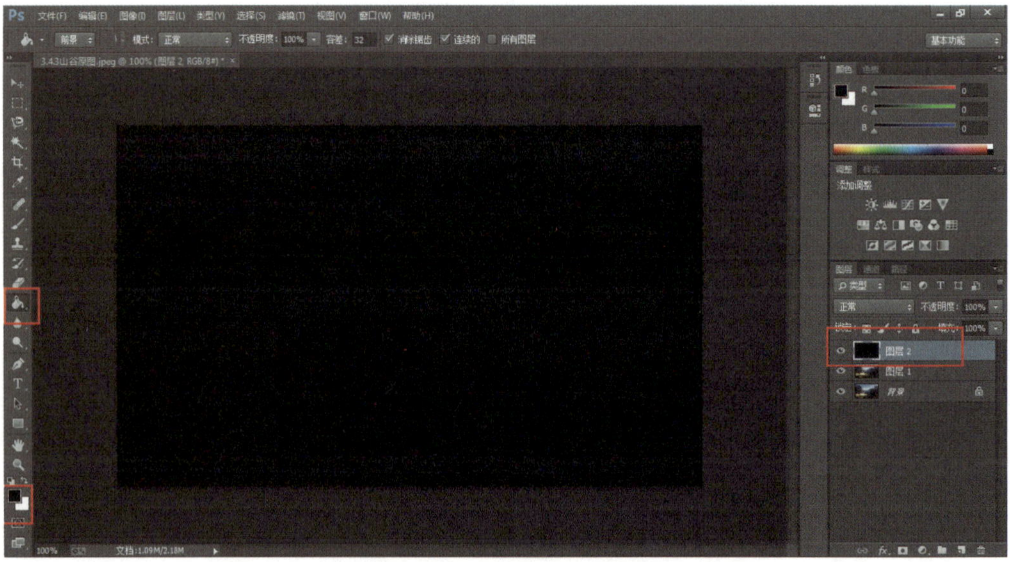

图3-38 填充空白图层

（3）单击选中“图层 2”，在菜单栏中选择“滤镜”→“渲染”→“镜头光晕”。镜头类型选择 105 毫米聚焦，亮度设置为 120%。效果如图 3-39 所示。

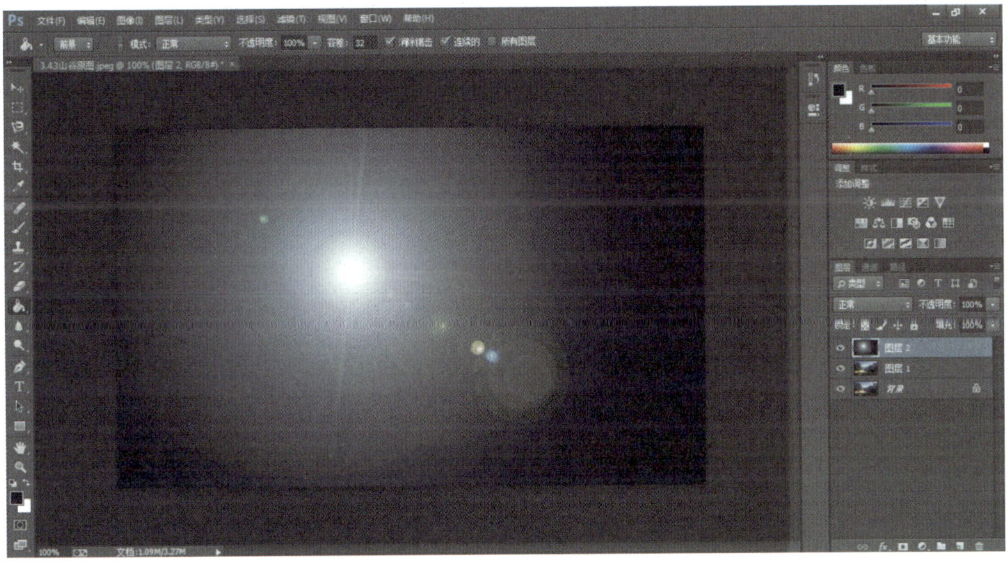

图 3-39　使用滤镜效果

（4）将“图层 2”的混合模式调制为“滤色”，操作如图 3-40 所示，效果如图 3-41 所示。

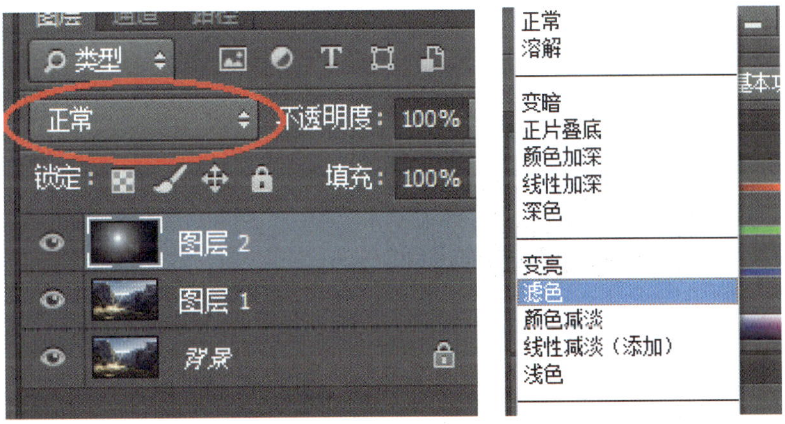

图 3-40　设置混合模式

图 3-41　效果图

（5）在浮动面板底部单击“”（创建新的填充或调整图层）按钮，选择“纯色”。在弹出的对话框中设置阳光的颜色，如图 3-42 所示。

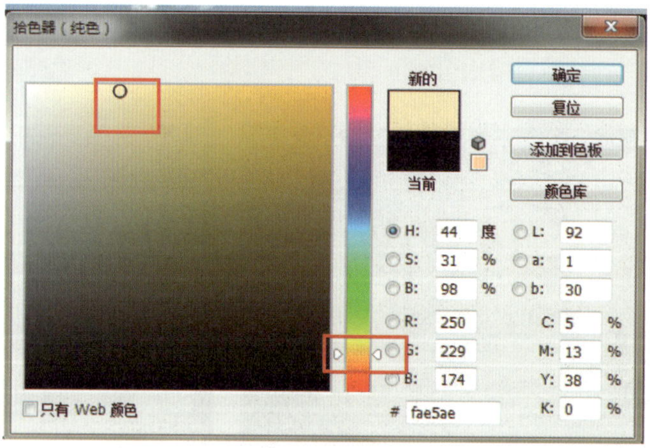

图 3-42　设置阳光的颜色

（6）将图层“颜色填充 1”的图层混合模式调制为“叠加”，效果如图 3-43 所示。

图 3-43　颜色填充图层设置后的效果

（7）将图层“颜色填充 1”的不透明度调为 64%，以调整阳光的亮度，效果如图 3-44 所示。

图 3-44　调整图层的不透明度后的效果

（8）按照需要将结果存储为相应格式的图像文件。

学习测评

1. 简述位图和矢量图的特点，指出二者的区别。
2. 列出获取图像的途径。
3. 选择一张自己的单人照，将单人照中的自己合成到另一张风景照中。

第 4 章

多媒体课件的设计与制作

学习目标

知识目标

通过学习一个完整的多媒体课件制作案例，掌握使用WPS制作课件的方法。

能力目标

能够独立制作出完整的多媒体课件。

素质目标

1. 通过对多媒体课件评价标准的学习，培养评价课件的习惯。

2. 通过为课文《为中华之崛起而读书》制作课件的案例，培养学生热爱祖国的情怀。

4.1 多媒体课件概述

1. 课件的概念

课件是指能辅助解决教学问题的数字化文件。课件有两个要素：第一个是能辅助解决教学问题，这也是课件最重要的作用；第二个是数字化的文件，不是普通的文字文件、课本等。

2. 课件的作用

（1）创设情境。

（2）提高学生的学习兴趣。

（3）展示关键知识，替代部分教师板书。

3. 课件的应用场景

课件主要用于辅助教师讲解课堂内容。教师是主角，课件是辅助。

4. 好课件的标准

表 4–1 为全国多媒体课件大赛评分标准表（部分）。

表 4–1 全国多媒体课件大赛评分标准表（部分）

<table>
<tr><th>一级指标（分值）</th><th>二级指标（分值）</th><th>三级指标（分值）</th><th>指标说明</th></tr>
<tr><td rowspan="4">教学内容（20）</td><td rowspan="2">科学性、规范性（10）</td><td>科学性（5）</td><td>教学内容正确，具有时效性、前瞻性；无科学性错误、政治性错误；无错误导向（注：出现严重科学错误取消参赛资格）</td></tr>
<tr><td>规范性（5）</td><td>文字、符号、单位和公式符合国家标准，符合出版规范，无侵犯著作权行为</td></tr>
<tr><td rowspan="2">知识体系（10）</td><td>知识覆盖（5）</td><td>在课件标定范围内，知识内容范围完整，知识体系结构合理</td></tr>
<tr><td>逻辑结构（5）</td><td>逻辑结构清晰，层次性强，具有内聚性</td></tr>
<tr><td rowspan="7">教学设计（40）</td><td rowspan="3">教学理念及设计（20）</td><td>教育理念（10）</td><td>充分发挥教师主导、学生主体的作用，注重培养学生解决问题、创新和批判的能力</td></tr>
<tr><td>目标设计（5）</td><td>教学目标清晰，定位准确，表述规范，适应于相应认知水平的学生</td></tr>
<tr><td>内容设计（5）</td><td>重点难点突出，启发引导性强，符合认知规律，有利于激发学生主动学习</td></tr>
<tr><td rowspan="4">教学策略与评价（20）</td><td>教学交互（5）</td><td>较好的人机交互，有教师和学生、学生和学生的交互、讨论</td></tr>
<tr><td>活动设计（5）</td><td>根据学习内容设计研究性或探究性实践问题，培养学生的创新精神与实践能力</td></tr>
<tr><td>资源形式与引用（5）</td><td>有和教学内容相配合的各种资料、学习辅助材料或资源链接，引用的资源形式新颖</td></tr>
<tr><td>学习评价（5）</td><td>有对习题的评判或学生自主学习效果的评价</td></tr>
</table>

续表

一级指标（分值）	二级指标（分值）	三级指标（分值）	指标说明
技术性（25）	运行状况（10）	运行环境（5）	运行可靠，没有“死机”现象，没有导航、链接错误，容错性好，尽可能兼容各种运行平台
		操作情况（5）	操作方便、灵活，交互性强，启动时间、链接转换时间短
	设计效果（15）	软件使用（5）	采用了和教学内容及设计相适应的软件，或自行设计了适合于课件制作的软件
		设计水平（5）	设计工作量大，软件应用有较高的技术水准，用户环境友好，使用可靠、安全，素材资源符合相关技术规范
		媒体应用（5）	合理使用多媒体技术，技术表现符合多媒体认知的基本原理
艺术性（15）	界面设计（7）	界面效果（3）	界面布局合理、新颖、活泼、有创意，整体风格统一，导航清晰简洁
		美工效果（4）	色彩搭配协调，视觉效果好，符合视觉心理
	媒体效果（8）	媒体选择（4）	文字、图片、音频、视频、动画切合教学主题，和谐协调，配合适当
		媒体设计（4）	各种媒体制作精细，吸引力强，激发学习兴趣
加分（2）	应用效果（1）		已经得到广泛应用，取得了良好的应用效果，有较大推广价值
	现场答辩（1）		表述清晰、语言规范、材料充实、重点突出；快速准确回答问题，熟练演示课件

5. 制作和使用课件需要避免的问题

（1）书本“搬家”。课件上只需展示教师要讲解的重要的内容，而不是罗列课本上所有的文字。

（2）课件代替教师成为主角。课件不要做得太复杂，能够辅助教师上课，解决教学问题就可以。

6. 课件制作的步骤

（1）设计教案：根据教学大纲，完成教案，确定教学流程。

（2）收集素材：文字、图片、声音、视频等。可以使用各种搜索网站来搜索图片素材，注意图片的分辨率，应下载原图。声音素材可以自己录制或者收集课本配套资源。注意非原创素材要注明出处。

（3）处理素材：最重要的是文字处理，课件中文字的大小不能小于24磅，否则在演示中很难被学生辨认；图片处理参考本书第3章，也可以利用WPS对图片进行去除背景、裁剪、更改颜色等处理；音频和视频处理参考本书第5章，建议使用Camtasia Studio 9.0处理。

（4）制作课件：将素材有序整合，合理编排，完成课件。

（5）收集反馈：在实际课堂使用中收集学生和教师的意见。

（6）持续改进：修改课件，再投入使用。

4.2 使用WPS Office制作多媒体课件

本节将使用WPS Office中的演示软件制作一个多媒体课件。课题是部编版小学语文四年级上册课文《为中华之崛起而读书》。制作步骤如下：

1. 制作课件的封面和目录页

该设计模板出自WPS Office自带模板。

2. 设计课件页面布局

为课件设计一个统一的、美观的界面，确定课件各个部分的位置，如导航、标题、正文的位置。

素材——《为中华之崛起而读书》

为了高效处理课件页面中的统一元素，使用“幻灯片母版”把每个页面都一样的元素在模板中处理好，例如logo、导航栏等。下面以带超链接功能的导航栏为例，学习幻灯片模板的使用。

（1）单击“视图”选项卡下的“幻灯片母版”按钮，进入“幻灯片母版”编辑界面，如图4–1所示。

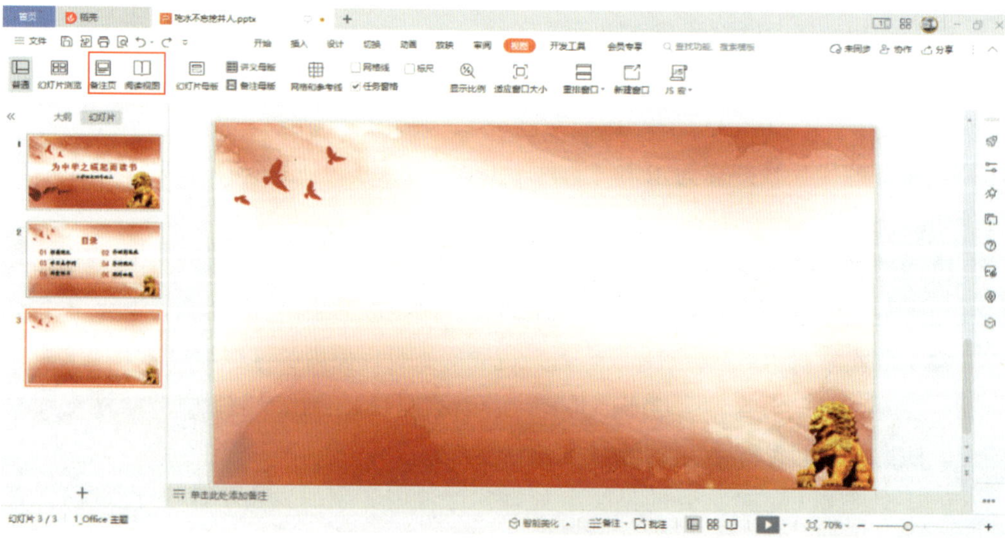

图4–1 “幻灯片母版”编辑界面

（2）打开“幻灯片母版”编辑界面后，在左侧的版式列表中选择“相框”版式。如图4–2所示。具体版式结合实际情况选择。

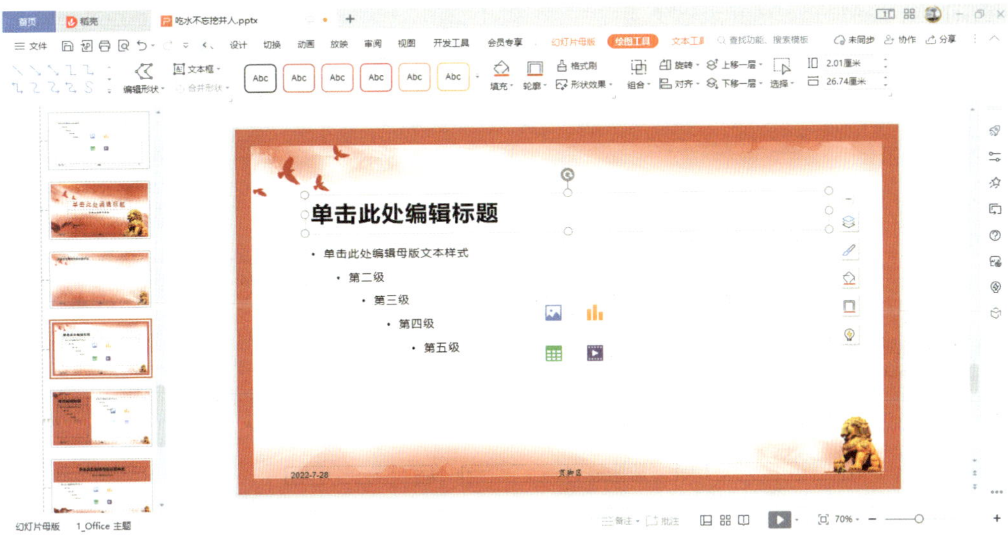

图 4-2 “幻灯片母版”编辑界面版式选择

编辑“相框”版式来作为课件正文的统一版式。可以把标题和正文占位符调大一些。通过“文本工具”选项，设置标题和正文的字号分别为 36 和 28。删除版式下部的 3 个占位符。修改之后的效果如图 4-3 所示。

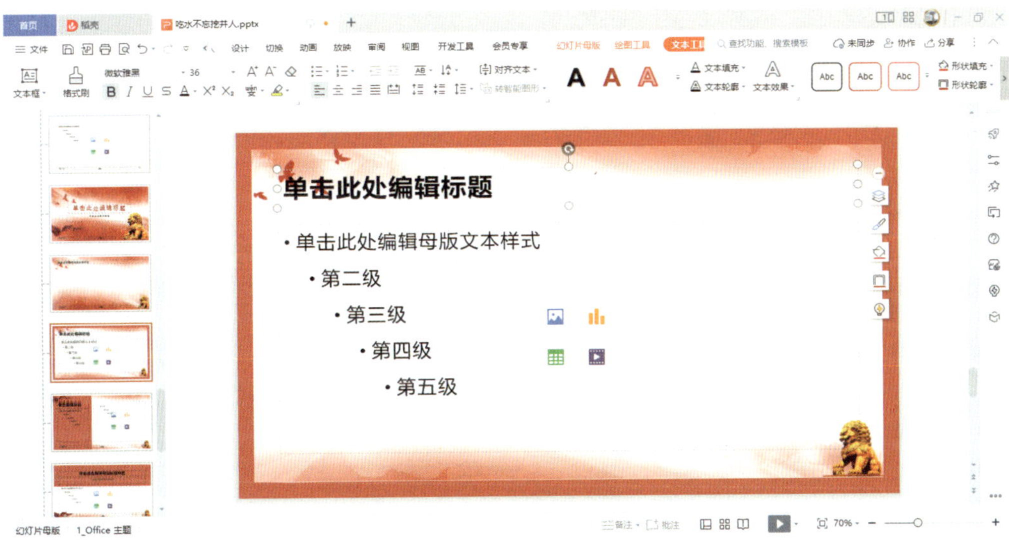

图 4-3 幻灯片母版版式修改后的效果

（3）为课件添加导航栏。根据上课的流程和语文学科的特点来设计导航的内容，分别是：朗读课文、介绍周恩来、学习生字词、分析课文、课堂练习、课外拓展。把导航栏设计在页面的下方，利用“插入”选项卡下的“形状”面板中的预设图形绘制出圆角矩形，右键单击圆角矩形，在弹出的快捷菜单中选择“编辑文字”选项，添加文字之后，就形成了带文字的“按钮”，如图 4–4 所示。

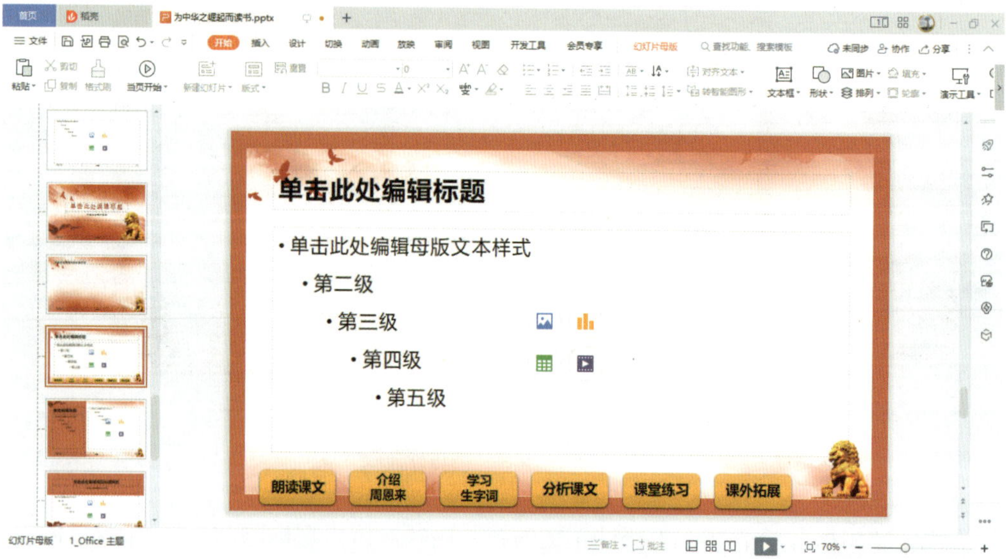

图 4–4　在幻灯片母版内添加导航栏

（4）为导航添加超链接。

先关闭“幻灯片母版”视图，如图 4–5 所示。

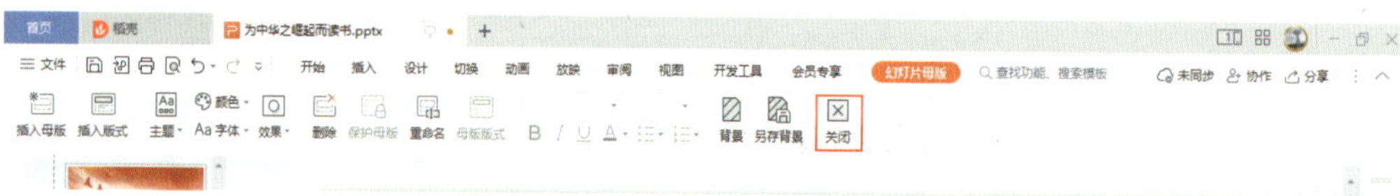

图 4–5　关闭“幻灯片母版”视图

添加 6 张新幻灯片，标题分别为朗读课文、介绍周恩来、学习生字词、分析课文、课堂练习、课外拓展，然后利用“版式”命令为这 6 张幻灯片应用上“相框”版式，如图 4–6 所示。

图 4-6　应用版式

再次回到“幻灯片母版”视图，为导航添加超链接。

右击“朗读课文”按钮，在弹出的快捷菜单中选择“超链接”选项，在弹出的“插入超链接”对话框的“链接到”列表框中选择“本文档中的位置”选项，在弹出的幻灯片列表框中选择“3. 朗读课文”，如图 4-7 所示。剩下的按钮也按照该方法分别添加相应页面的超链接。这样，具备超链接跳转功能的导航栏就完成了。可以关闭“幻灯片母版”视图，放映幻灯片，测试链接是否正确。

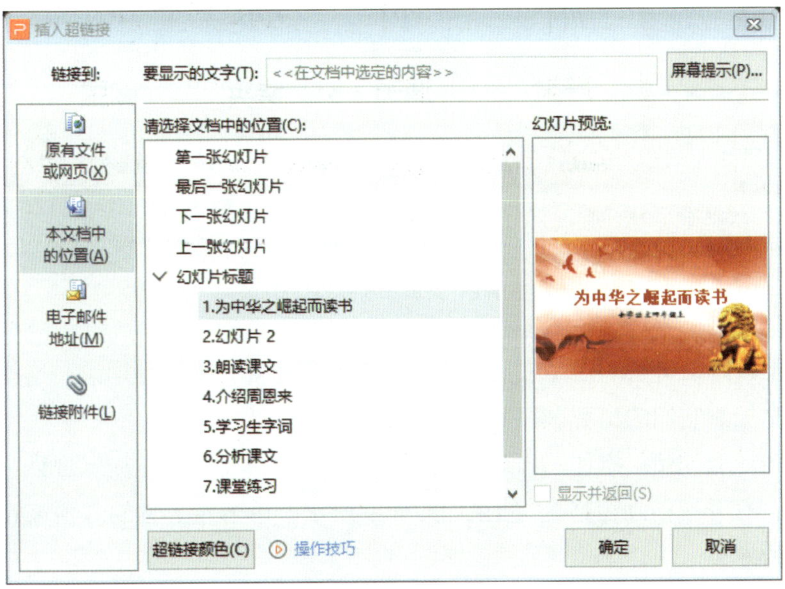

图 4-7　在幻灯片母版内为导航栏添加超链接

3. 为课件添加内容

设计好课件的页面布局之后，可以把多媒体素材添加到课件中。除了封面和目录页，每页都应有标题，同时注意文字和图片的处理。

（1）首先，为“朗读课文”页添加内容。该页面要添加课文朗读的音频，这里使用的是“科大讯飞”开发的“全球中文学习平台”提供的课文朗读音频。“全球中文学习平台”中有很多部编版语文课本的朗读音频。

大家也可以录制自己朗读的音频，通过单击“插入”→“音频”，将选择的音频插入到课件中。

接着为“介绍周恩来”“学习生字词”“分析课文”“课堂练习”“课外拓展”页面添加内容。

（2）内容添加完成后，为课件添加动态效果。

动态效果的作用：①控制信息呈现顺序；②使课件更生动有趣。

下面以“学习生字词”页为例，学习添加动画。

在添加动画之前，幻灯片所有内容都是一起呈现的，如图 4–8 所示。

图 4–8　未添加动画的幻灯片

课堂上教师的讲解顺序是先出现文字，再出现注音，最后是词语。这就需要通过添加动画来控制它们的出现次序。

①先为注音“sù”添加“出现”动画。选中该文本框，单击“动画”→“出现”添加动画，打开“动画窗格”，结果如图 4–9 所示，单击左上方的“预览效果”按钮来看动画的效果。

图 4-9 添加了动画的文本框

②为词语“严肃”添加“出现”动画。由于该词语的动画效果与注音“sù”的一样，可以使用“动画刷”，把注音“sù”的动画复制到“严肃”上，其他的文本框也使用“动画刷”添加相同的动画。所有的动画都添加完成后，“动画”窗格如图 4-10 所示。

图 4-10 “动画”窗格

③在“课堂练习题”页中，也可以使用添加动画的方法来控制答案的出现次序，如图 4-11 所示。

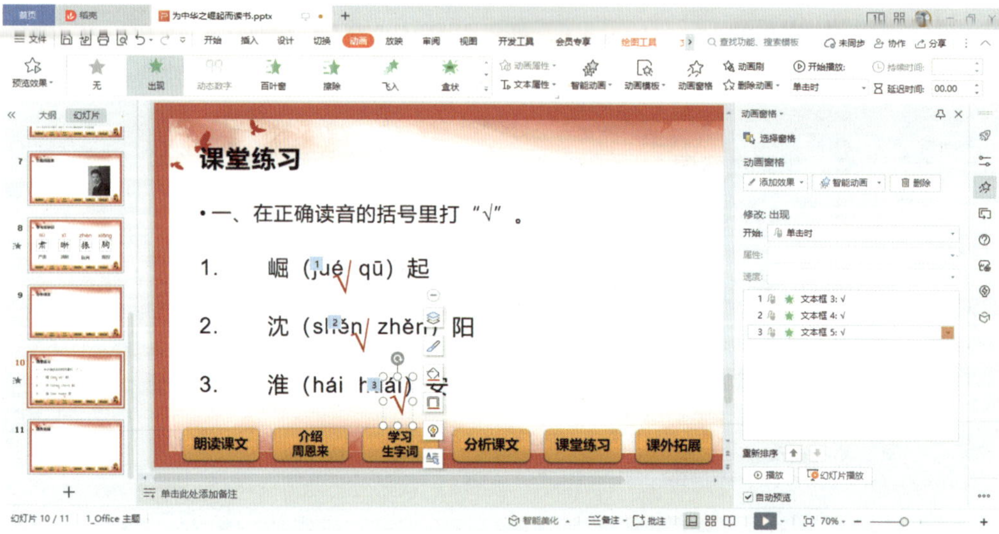

图 4–11　在“课堂练习题”页中添加动画

④在“切换”选项卡的“效果选项”组中选择切换方式，原则是简单流畅、统一、不花哨。图 4–12 所示选择的是“淡出”切换效果。再单击“应用到全部”按钮，使课件每页的切换效果都一样。

图 4–12　设置幻灯片切换效果

⑤如果需要将练习题的答案呈现在课件上，可以把课件保存成“WPS演示文件（*.dps）”文件类型，如图 4–13 所示，这样在打开课件时就会直接进入放映模式。

图 4-13 演示文稿保存文件类型

学之测评

选择一个课题，使用WPS Office制作一个多媒体课件，要求图文并茂、结构完整。

第5章

微课的设计与制作

学习目标

知识目标

1. 通过学习Camtasia Studio 9.0的使用方法，掌握Camtasia Studio 9.0的常用功能。

2. 通过一个完整的微课制作案例，掌握微课制作的流程。

能力目标

能够独立制作出一个完整的微课。

素质目标

1. 通过对微课概念的学习，培养评价微课的习惯。

2. 通过一个完整的微课制作案例，培养热爱学生、因材施教的理念。

5.1 微课概述

1. 微课的概念

微课是指运用信息技术，按照认知规律，呈现碎片化学习内容、过程及扩展素材的结构化数字资源；微课也指为使自主学习获得最佳效果，以媒体形式展示的围绕某个知识点或教学环节开展的简短、完整的教学活动。

2. 微课的特点

（1）聚焦一个知识点、一个重点或一个难点，教学内容较少，突出某个学科知识点或技能点。

（2）生动、有趣，吸引人。

（3）形式多样，不拘泥于一种工具，可以用视频、动画等形式。

（4）时间短。以 5 ～ 10 分钟为宜，少的可为 1 ～ 2 分钟。时间过长，则学习者容易注意力不集中。

（5）以自主学习为主。供学习者自主学习的微课，可用于学生预习、复习和自学。

3. 系列微课评分标准

表 5-1 为第二十届广西高校教育教学信息化大赛系列微课评分标准表。

表 5-1　第二十届广西高校教育教学信息化大赛系列微课评分标准表

评选指标	分值	评价要素	评分
教学定位与目标	10	1. 教学目标明确，围绕某一教学项目，将教学项目分解为若干模块，将模块分解为若干子任务，每一子任务对应一个或多个知识点与技能点，最终以一节微课的形式呈现； 2. 符合认知规律，教学项目的内容、过程及扩展素材利于信息化教学和视频展示； 3. 系列微课数量及每节微课时长符合要求	
教学设计	25	1. 系列微课的教学设计应是教学项目的教学设计，对应其本身知识点教学顺序，每一节微课对应项目中的一部分内容，每节微课独立、完整，各微课组合又可以完整地呈现本教学项目知识点与技能点； 2. 提供较完整的与教学项目相关的教学设计、素材课件、教学反思、练习测试及学生反馈、教师评讲等辅助性教学资源； 3. 相关教学策略和教学方法选用恰当； 4. 合理运用信息技术手段	

续表

评选指标	分值	评价要素	评分
教学行为	30	1. 有机融入思政元素，落实课程思政要求； 2. 教学思路清晰，重点突出，逻辑性强，解说简洁； 3. 教学过程深入浅出、形象生动、通俗易懂，充分调动学生的学习积极性	
教学效果	25	1. 教学设计与微课作品内容一致； 2. 教学和信息素养目标达成度高； 3. 注重培养学生自主学习能力； 4. 项目设计、教学安排、课程体验与视觉效果符合学习者移动学习和混合式教学的需求	
创新与实用	10	1. 形式新颖，趣味性和启发性强； 2. 视频声画质量好，有字幕，关键知识点有提示； 3. 教学应用效果明显	

5.2 Camtasia Studio 9.0 基础

下面学习 Camtasia Studio 9.0（以下简称 CS）的基础知识。

1. 使用 CS 处理音频

本案例为录制诗朗诵的音频，并且为其配上合适的背景音乐。

（1）打开 CS，在启动界面里选择“新建项目”，可以打开一个新的空白项目，如图 5-1 所示。第一次打开时，软件会有一个简短的介绍软件功能的短片。

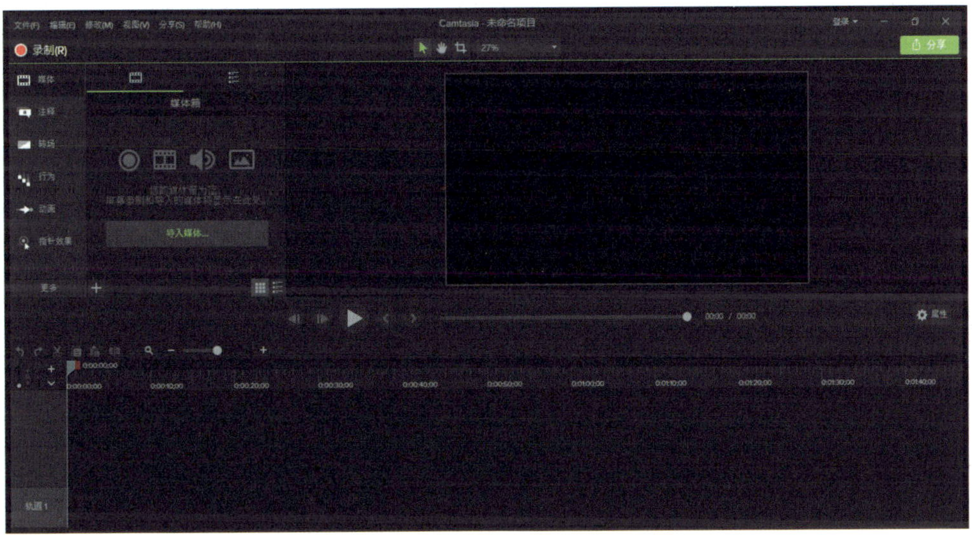

图 5-1 CS 新建项目界面

（2）单击左上角的“录制”按钮，录制音频。音频录制完成之后，将其放进下方的时间轴编辑区，等待编辑。此时可以通过屏幕右上方画布预览区的控制栏上的“播放”按钮来预览声音，如图 5-2 所示。

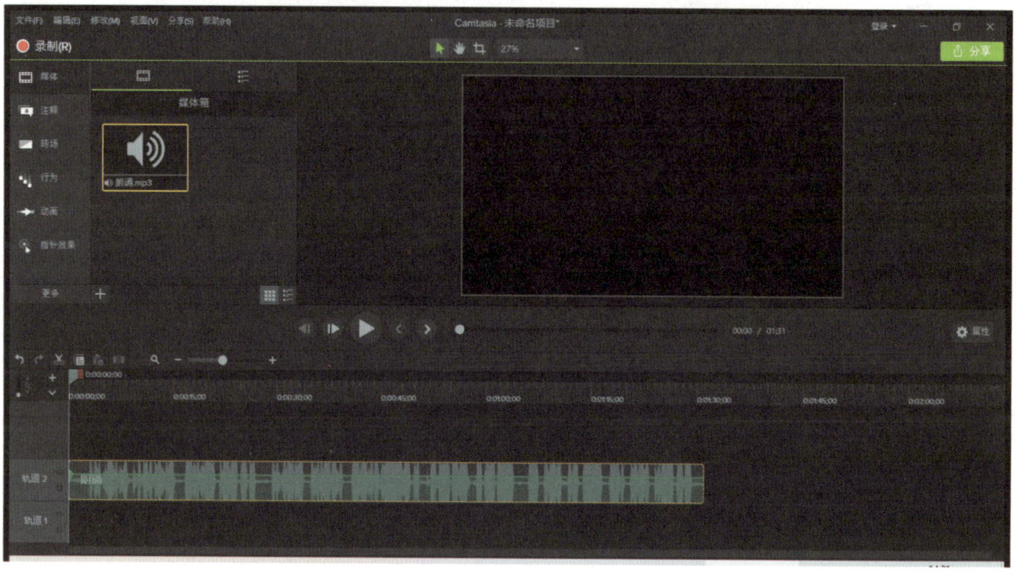

图 5-2　音频预览界面

（3）“文件”→“导入”→“媒体”，选择文件，把用来做背景音乐的音频素材导入“媒体箱”，如图 5-3 所示。

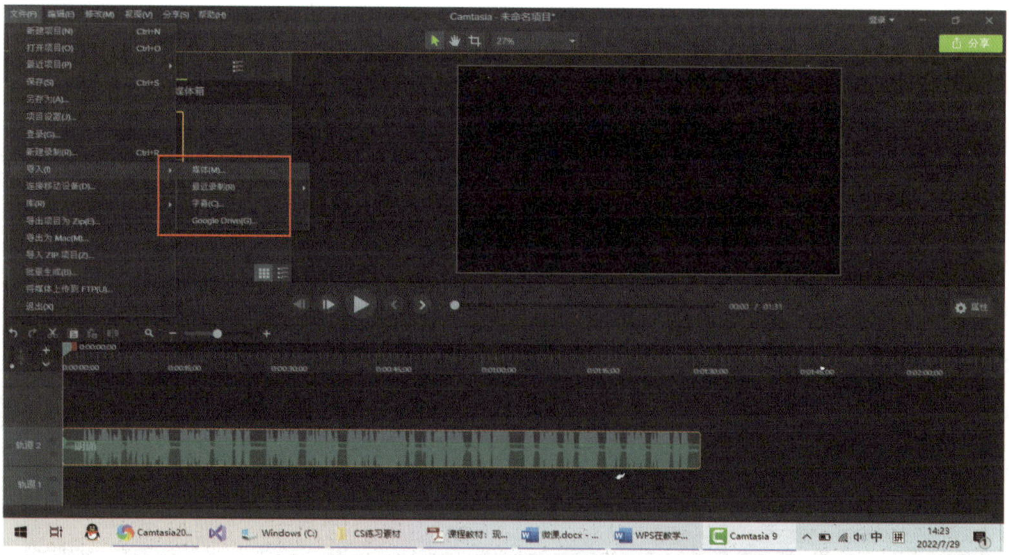

图 5-3　导入媒体

点击鼠标右键选中“媒体箱”中的背景音乐，在弹出的快捷菜单中选择“添加到时间轴播放头位置”，背景音乐会添加到时间轴开始的位置，并自动放在新轨道中，如图 5-4 所示。

图 5-4　添加背景音乐

此时如果直接单击“播放”按钮来预览背景音乐，会出现两个音频同时播放的情况，可以单击轨道头部的“眼睛”标志，使该轨道静音。“眼睛”标志能够显示或者隐藏当前轨道。另一个为“锁头”标志，单击时能够锁定当前轨道，使之不被修改，再次单击会解除锁定，如图 5-5 所示。

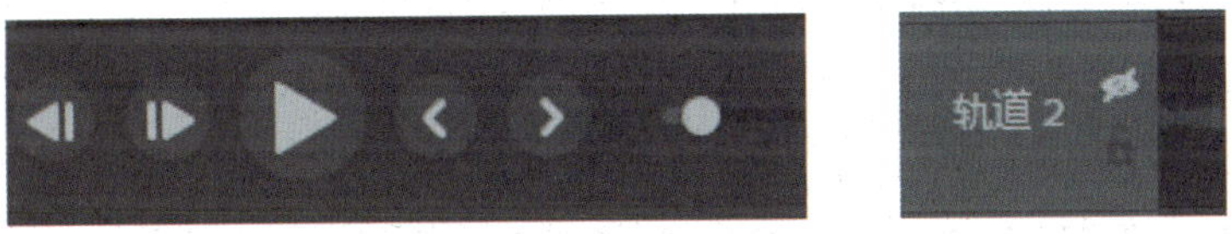

图 5-5　音频轨道控制

（4）把两条轨道的素材时间调整一致，适当调整音量。从时间轴可以看出，两个音频的长度不同，可以把背景音乐剪去一段，匹配朗诵的长度。方法：选中背景音乐轨道，把时间轴的播放头移动到朗诵音频的末尾，单击时间轴上方的“分割”工具，把背景音乐音频分割成两部分，如图 5-6 所示。

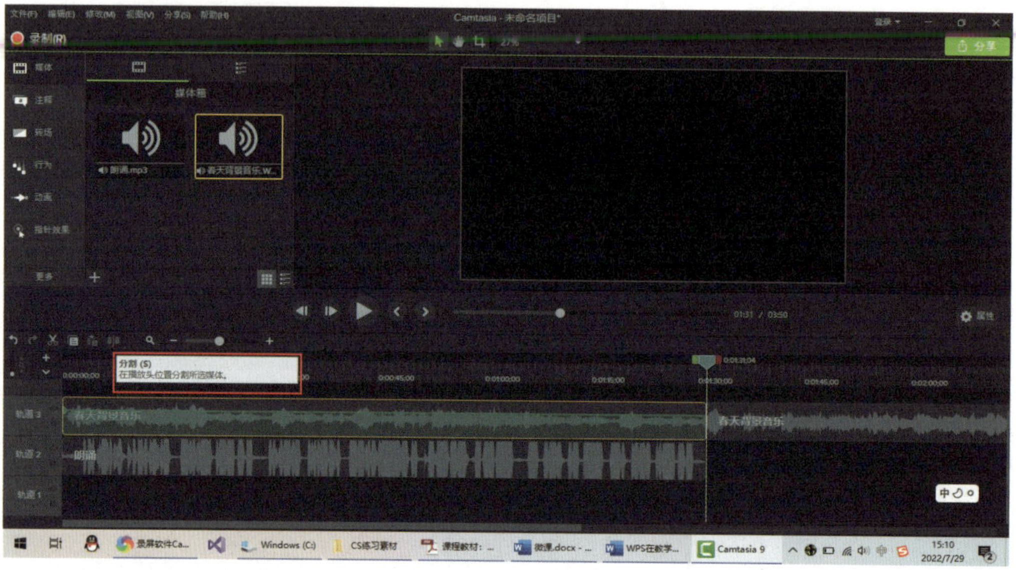

图 5-6　音频分割

右击选中播放头后面的背景音乐，在弹出的快捷菜单中选择“删除”命令，如图 5-7 所示。

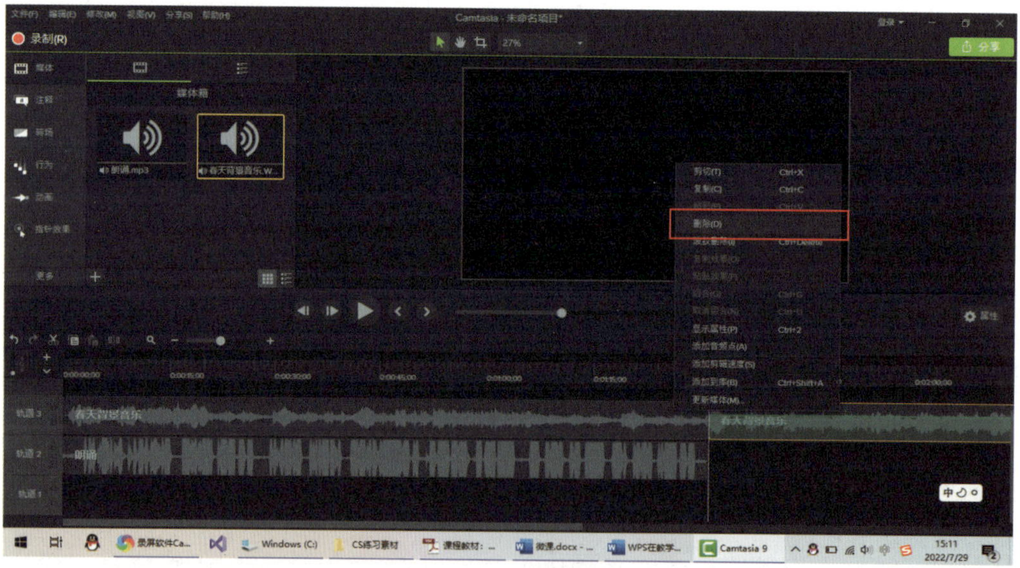

图 5-7　音频删除

删除之后，效果如图 5-8 所示。

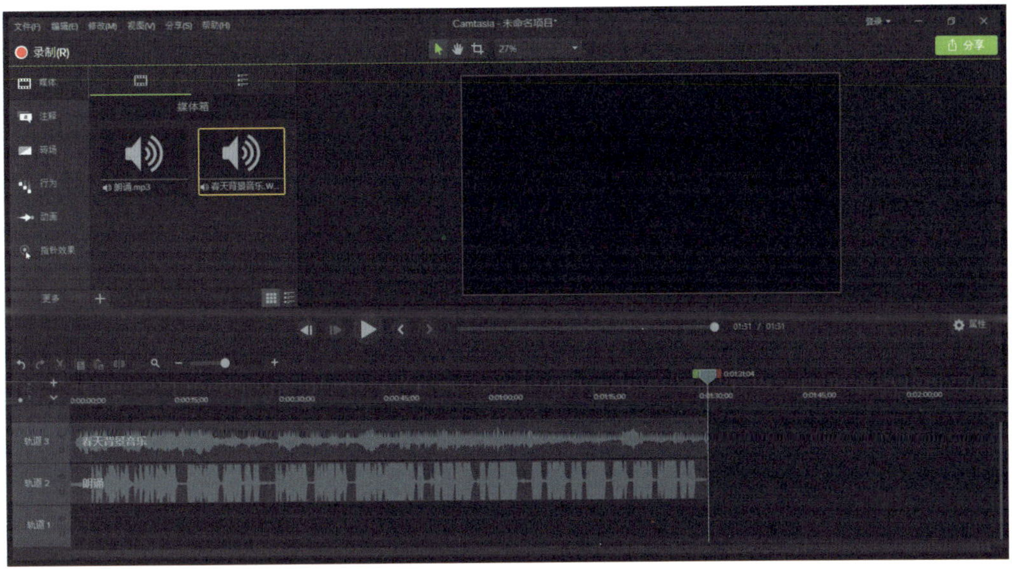

图 5–8　编辑后的音频

（5）使用“音频效果”为背景音乐添加淡出效果。因为直接裁剪了背景音乐的后半部分，所以原来结尾的淡出效果没有了，要在新的结尾添加淡出效果。采用方法为：单击“更多”按钮，在弹出的菜单中选择“音频效果”命令，如图 5–9、图 5–10 所示。

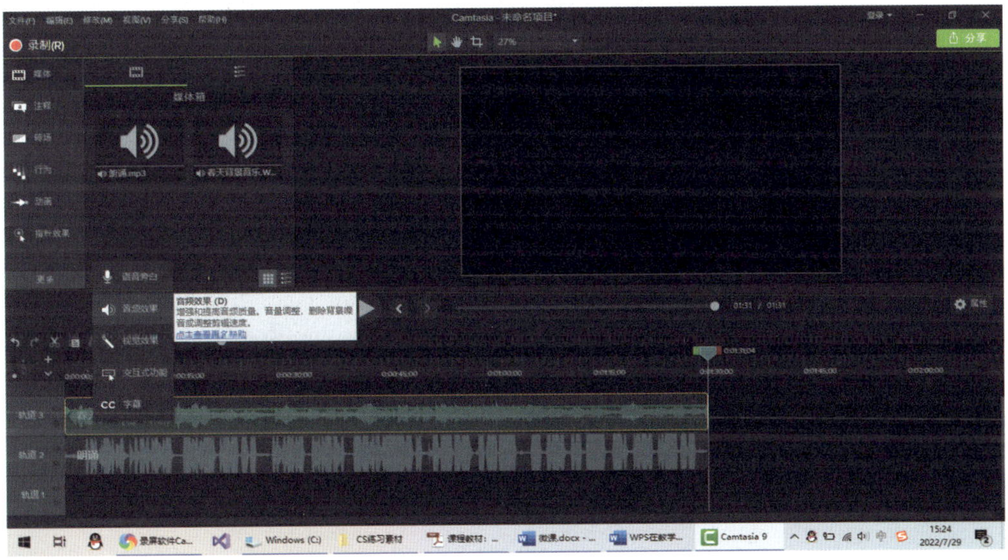

图 5–9　添加音频效果

图 5-10　选择音频效果

把“淡出”效果拖动到背景音乐音频轨道上，如图 5-11 所示，“淡出”效果就应用到背景音乐上了。如果需要修改淡出效果，可以拖动轨道上的小圆点来调整。

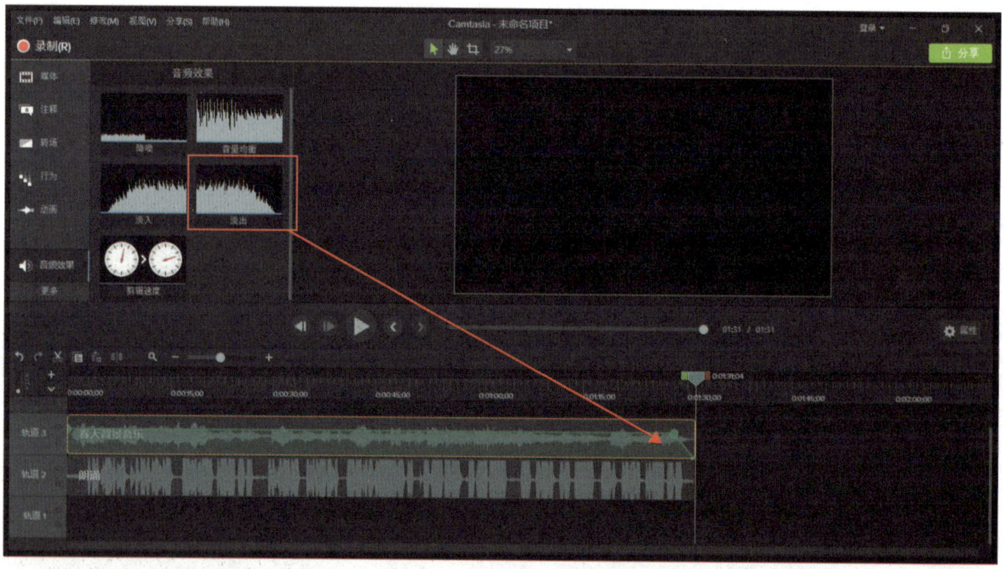

图 5-11　添加淡出效果

（6）音频可以发布，方法是单击右上方的“分享”→“本地文件”，或者菜单栏中的“分享”→“本地文件”。如果只需要声音，可选择“仅导出音频”，如图 5-12 所示。

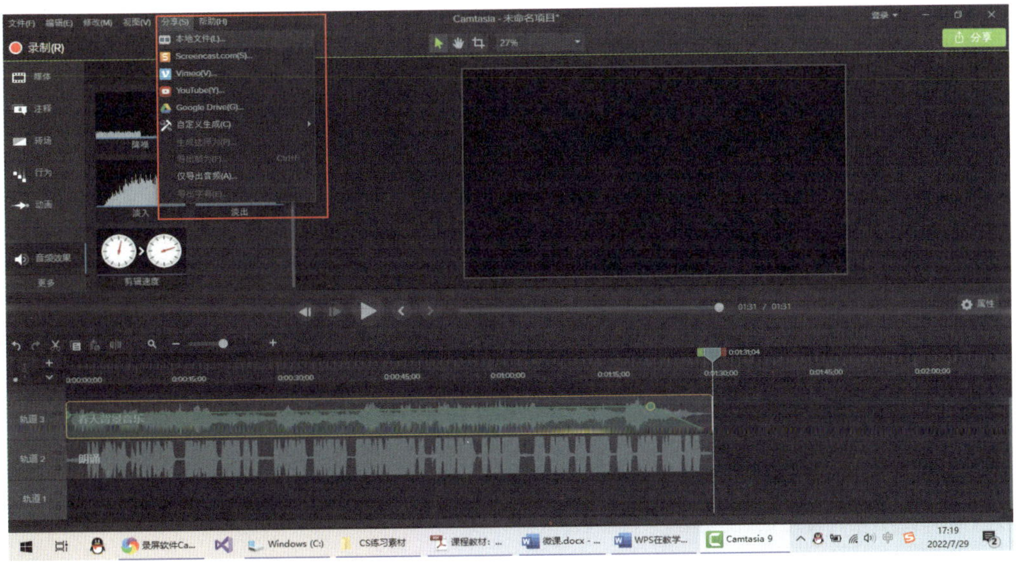

图 5-12 导出音频

在弹出的“生成向导”对话框中选择“自定义生成设置”，如图 5-13 所示。

图 5-13 自定义生成设置

在下一步弹出的对话框中选中“M4A-仅音频”单选按钮，如图 5-14 所示。

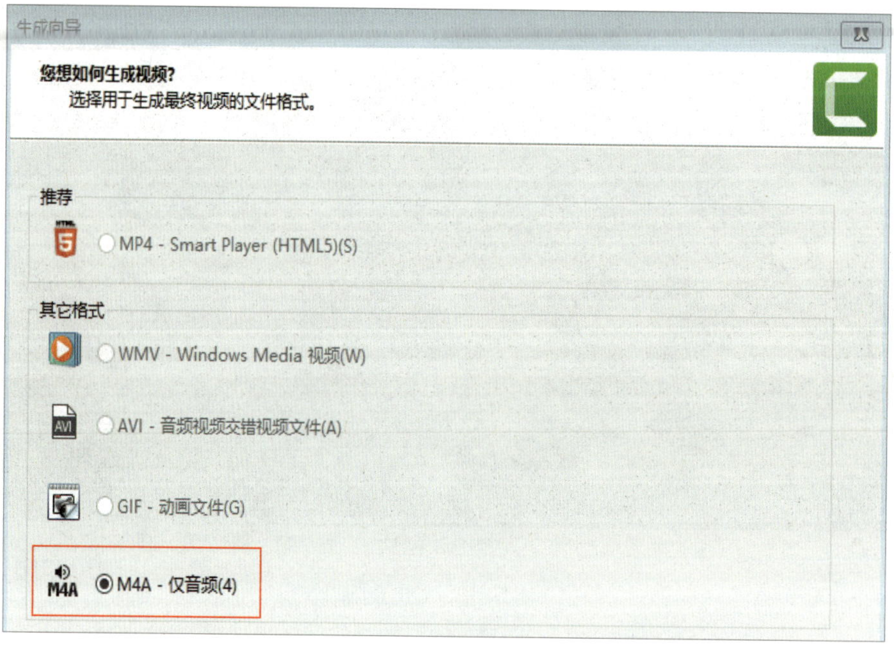

图 5–14　选择文件格式

按照提示就可以发布一个音频文件，可用于直接播放。

（7）最后保存项目，注意CS项目的格式是“.tscproj”，如图 5–15 所示。项目文件可以直接打开再次编辑。

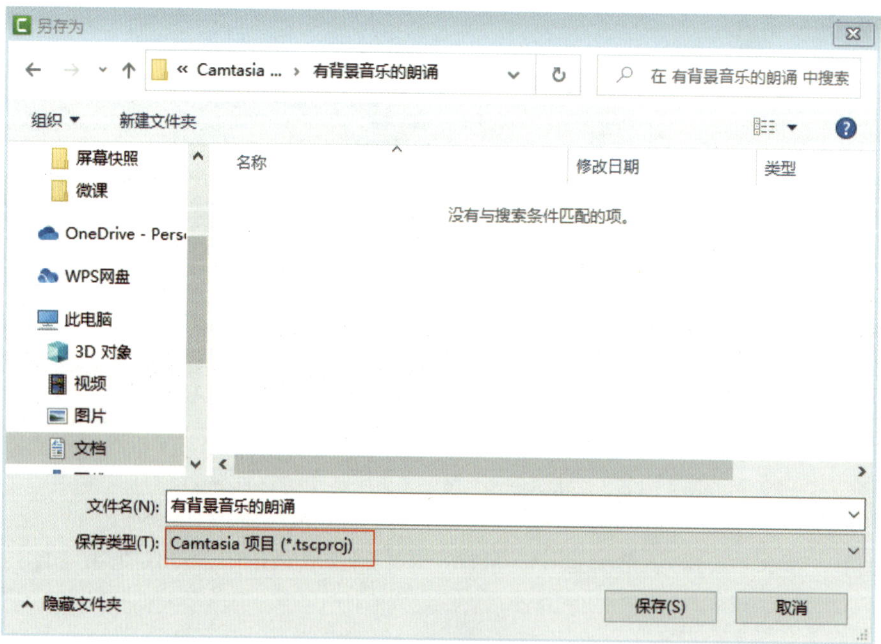

图 5–15　保存项目

2.利用CS制作电子相册

该案例含修改素材持续时间、转场、注释、字幕、动画效果。

（1）新建一个项目，导入5张分辨率为1440×900的图片，把图片一起拖入时间轴同一条轨道，如图5-16所示。

图5-16 新建项目并导入图片

（2）每张图片的持续时间默认为5秒，修改第一张图片的持续时间为3秒。方法为：单击鼠标右键选中第一张图片，在弹出的快捷菜单中选择“持续时间”选项，在相应编辑框中输入3，如图5-17所示。或者可以把鼠标放在图片结尾，待鼠标变成双向箭头，再拖动调整。

图5-17 修改图片持续时间

（3）添加转场效果。为两张图片添加切换效果，单击“转场”选项，右侧窗格中出现转场效果列表，如图 5-18 所示。

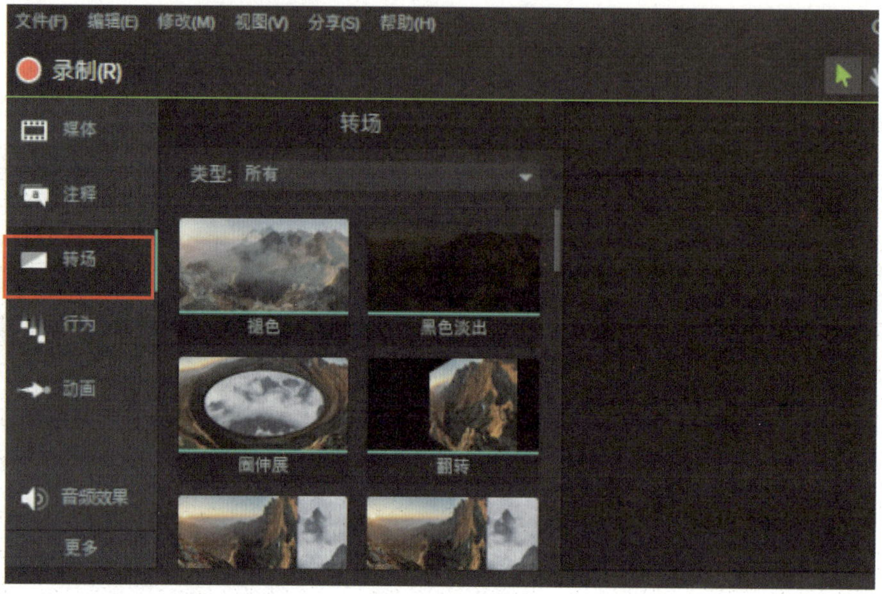

图 5-18　选择转场效果

选择合适的转场效果，拖动到两张图片之间，如选择“圆伸展”拖动到第一和第二张图片之间，如图 5-19 所示。

图 5-19　给前两张图片添加转场效果

用同样的方法，给其他图片添加转场效果。结果如图 5–20 所示。

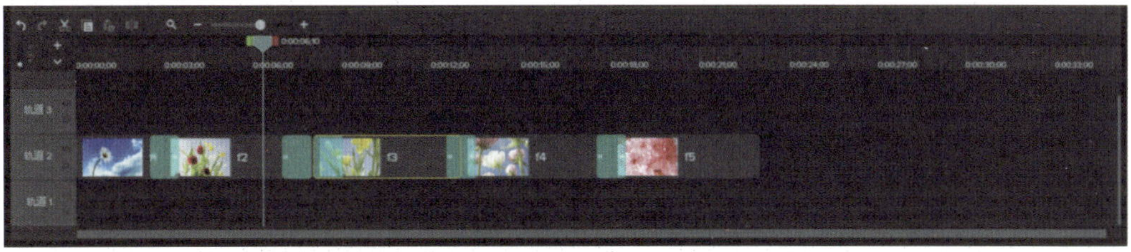

图 5–20　给其他图片添加转场效果

（4）为电子相册添加一个标题。把播放头移动到时间轴开头，选择“注释”选项，双击最下方的注释效果，注释会添加到时间轴上，并自动增加一个新轨道。选中预览区中的注释，单击右边的“属性”按钮，会弹出属性窗口，用来修改注释的属性，如图 5–21 所示。

图 5–21　添加标题（注释）

修改注释文本为“鲜艳的花朵”，设置为黄色，微软雅黑，粗体，淡入淡出的时间为 1s，如图 5–22 所示。

图 5–22　添加标题后修改内容及设置属性

（5）利用“行为”为注释添加动画效果。单击“行为”选项，选择列表框中的“下跳和弹落”选项，添加到“鲜艳的花朵”时间轴上，如图 5–23 所示。可以通过右边的属性窗口来调整动画效果。

图 5–23　为注释添加动画效果

（6）添加背景音乐。导入一个 MP3 格式的文件，添加到时间轴，剪辑之后，在结尾加上淡出效果，如图 5–24 所示。

图 5-24　添加背景音乐

（7）导出视频，保存项目。在生成视频的格式选项中选择 WMV 格式，如图 5-25 所示。

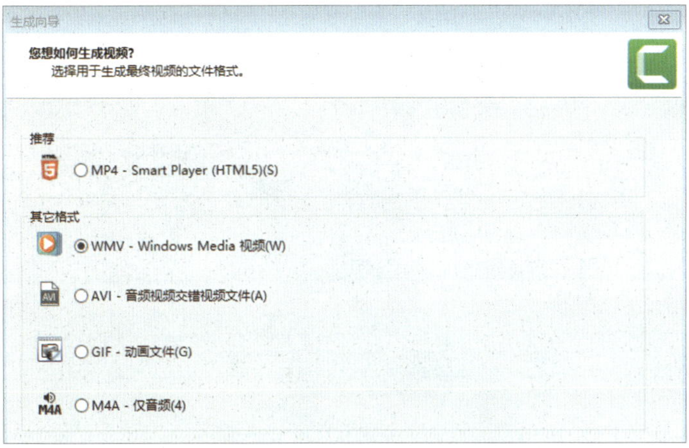

图 5-25　生成视频文件

5.3 制作一个完整的微课

1. 制作准备

硬件：

（1）麦克风。最好选择电流声小的麦克风。

（2）摄像头。对于教授年龄较小的孩子，建议教师可以多露脸。

（3）手机支架等。

软件：WPS Office、Camtasia Studio 9.0 等。

2. 微课制作步骤

（1）找到合适的选题。

（2）设计脚本。

（3）制作讲稿或课件。

（4）录制或拍摄：可用摄像机或者手机拍摄（首选摄像机）；找一个安静的环境，用一个脚架或者云台来固定拍摄设备。

（5）编辑：添加片头、片尾、转场、字幕、标注等。

（6）成品发布。

3. 制作一个数学微课

（1）首先，准备好需要讲解的课件。本例讲解的是苏教版数学五年级上册第二单元的“不规则图形的面积计算方法”。在录制之前打开课件，进入放映模式。

（2）打开 CS，在弹出的对话框中选择“新建录制”选项，如图 5-26 所示。

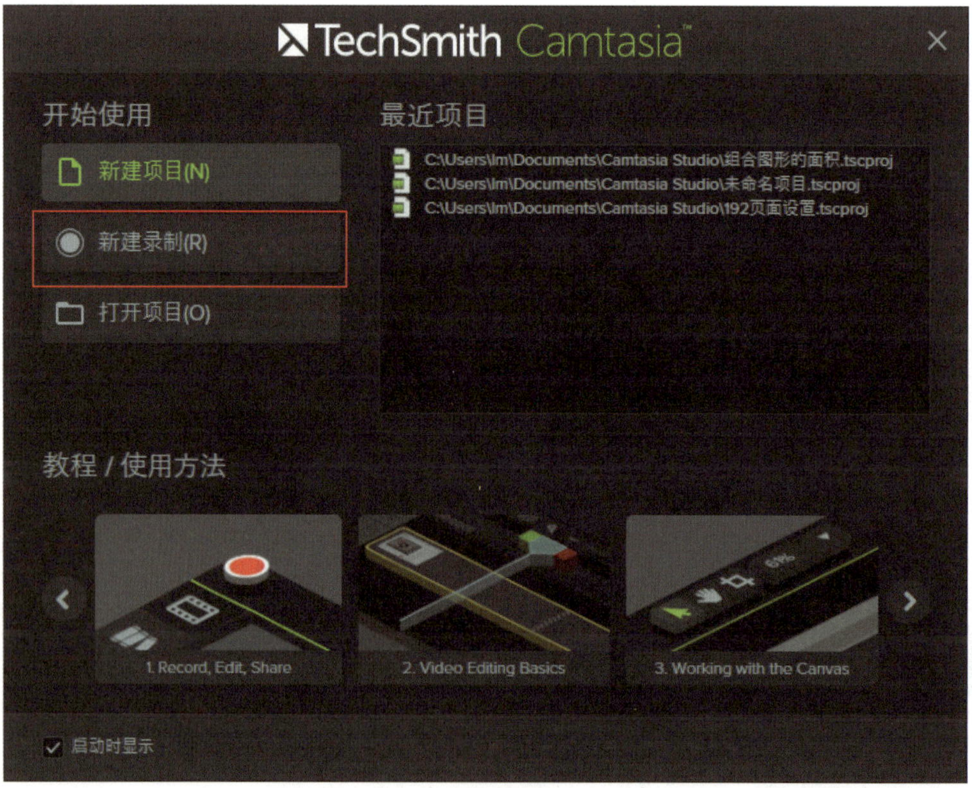

图 5-26　新建录制

弹出的录制工具栏如图 5-27 所示，单击右侧的“rec”按钮。在倒计时结束后，就可以开始录制讲解课件。录制完成后，按 F10 结束录制。

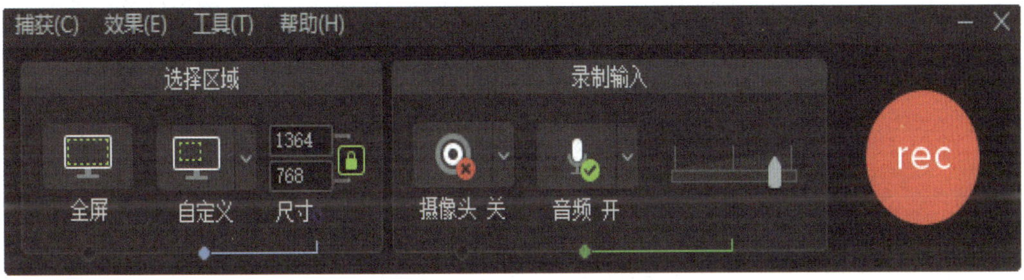

图 5-27　录制操控

录制完成后，文件会自动添加到 CS 的时间轴，如图 5-28 所示。

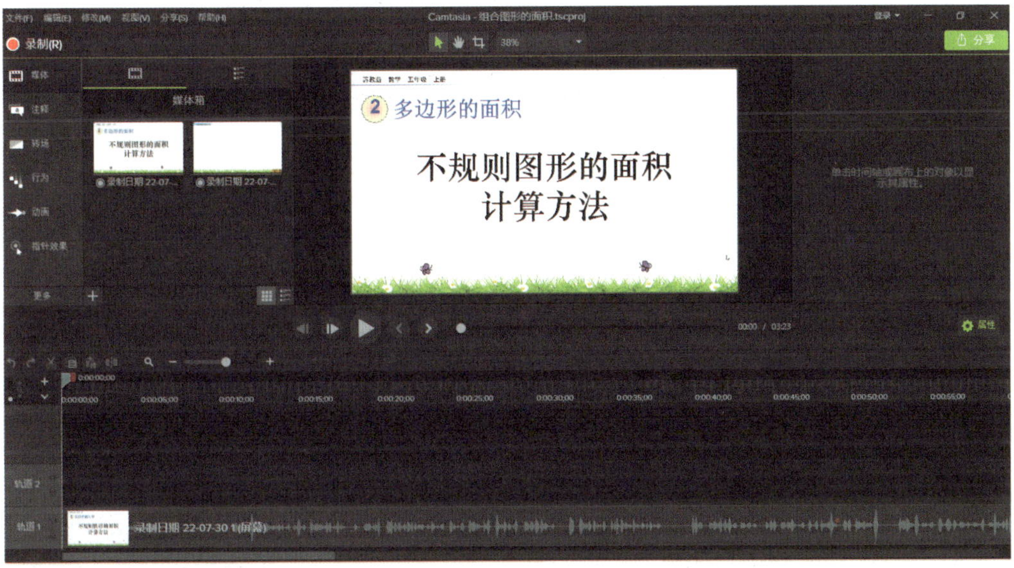

图 5-28　录制完成后的时间轴

（3）利用“库”添加片头。单击“媒体箱”右方的“库”选项，出现库资源，如图 5-29 所示。库资源可以双击预览。本例选择“动态图形”→“介绍剪辑”→“方形钉 91”。

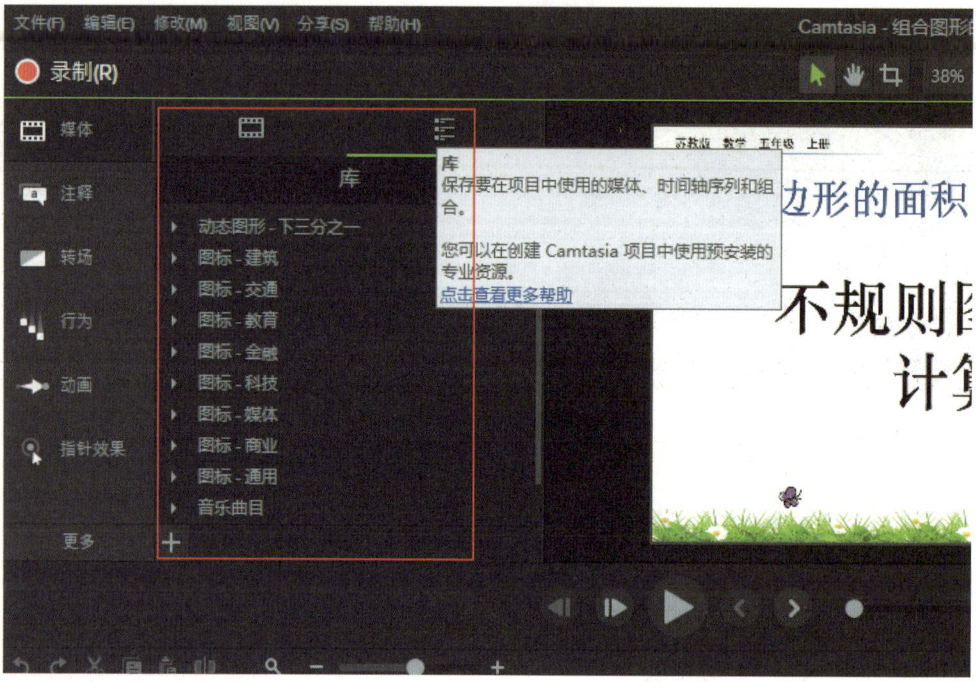

图 5-29 利用“库”添加片头

如图 5-30 所示，修改片头标题文字为“不规则图形的面积计算方法”，副标题文字为“苏教版 五年级上”。

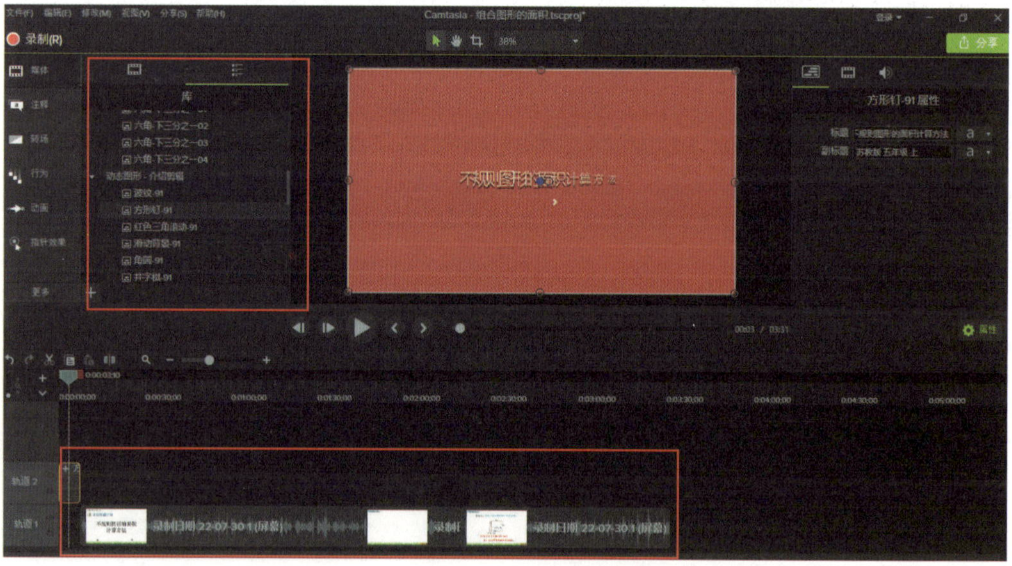

图 5-30 修改片头内容

（4）添加背景音乐。选择“库”中的音乐《夏天的口哨》，添加到时间轴开头，进行适当剪辑，结果如图 5–31 所示。

图 5–31　添加背景音乐

（5）添加一个缩放动画，放大课件“方法一”中的图形。方法：播放到合适的位置，选择“动画”→“缩放和平移”→“缩放到合适”，在时间轴上会出现一个箭头，表示已经创建了动画，调整动画开始和结束的位置及大小，如图 5–32 所示。

图 5–32　添加动画

画面放大后，再添加一个“缩放到合适”的动画，恢复到原来的尺寸，如图 5-33 所示。

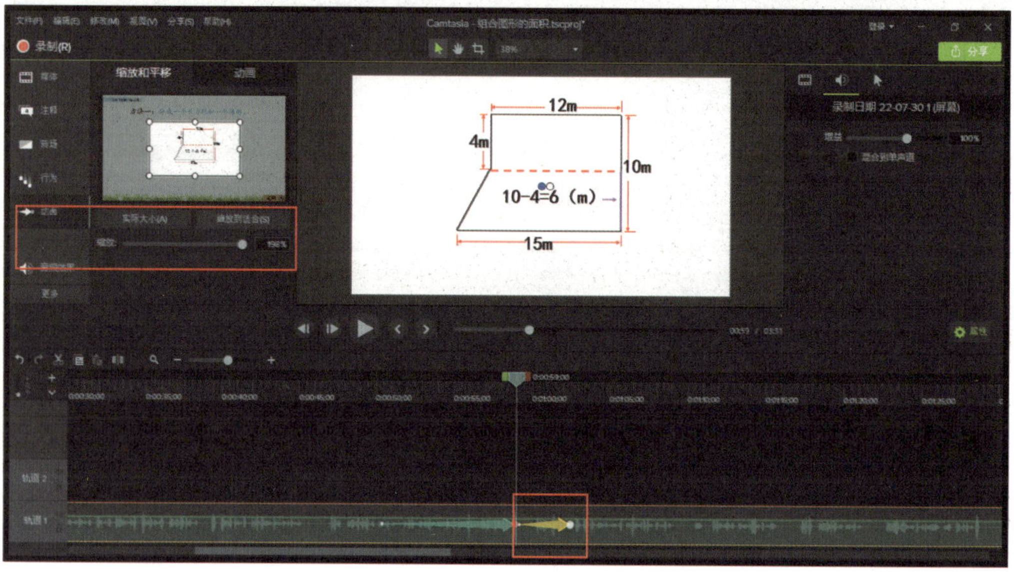

图 5-33　继续添加动画

（6）添加标注。为上图梯形的高添加标注，提示学习者注意。方法如下：选择“注释”→“草图运动”打开“草图运动”列表框，如图 5-34 所示。

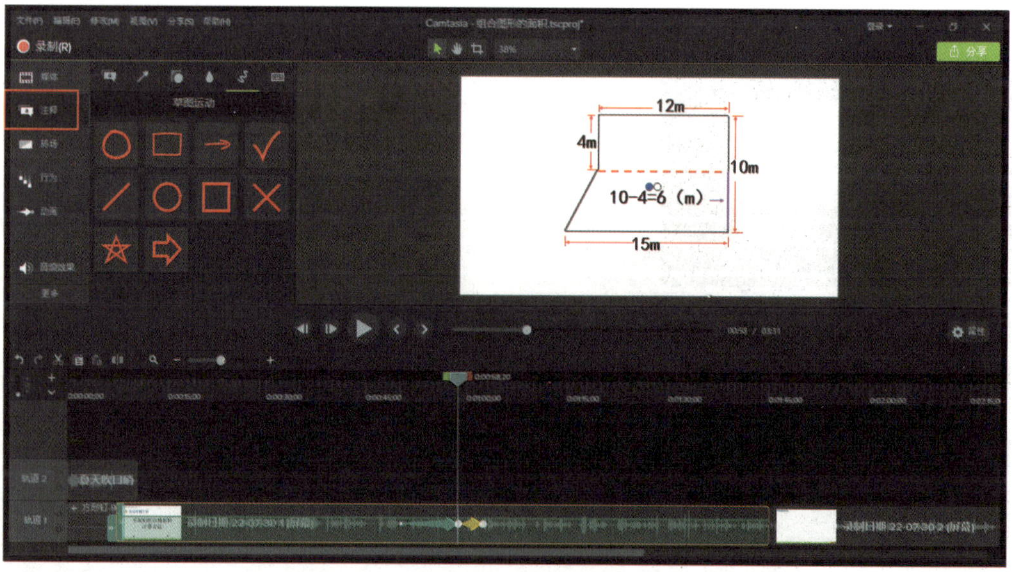

图 5-34　添加标注

选择圆形标注，拖动到预览区，并修改属性，如图 5-35 所示。

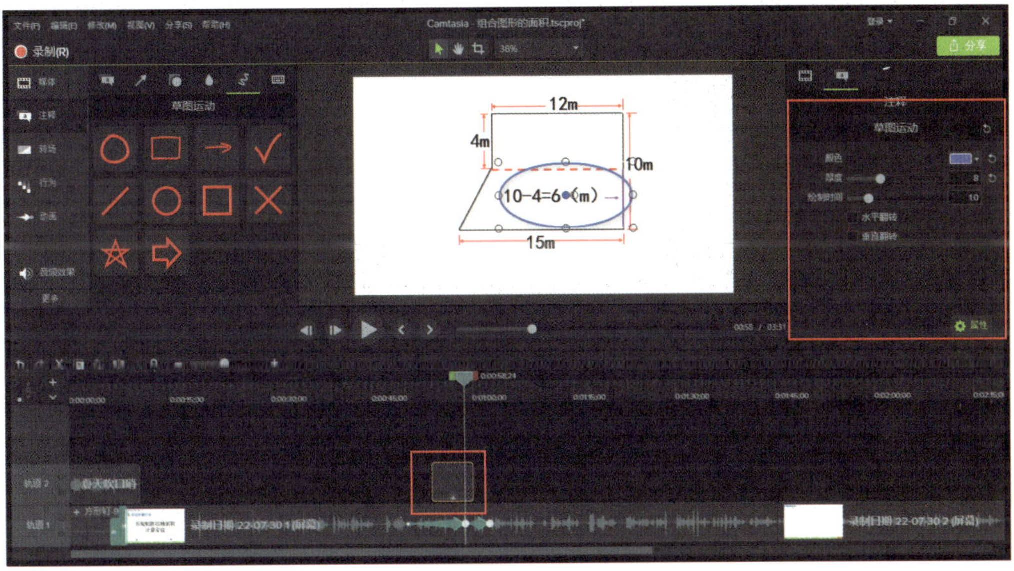

图 5-35　编辑所添加的标注

（7）添加字幕。选择"更多"→"字幕"，单击字幕左方的"设置"按钮，在弹出的下拉菜单中选择"语音转字幕"选项，如图 5-36 所示。利用 CS 的语音识别，把语音转换成字幕。转换前先训练，语音识别可以更准确。

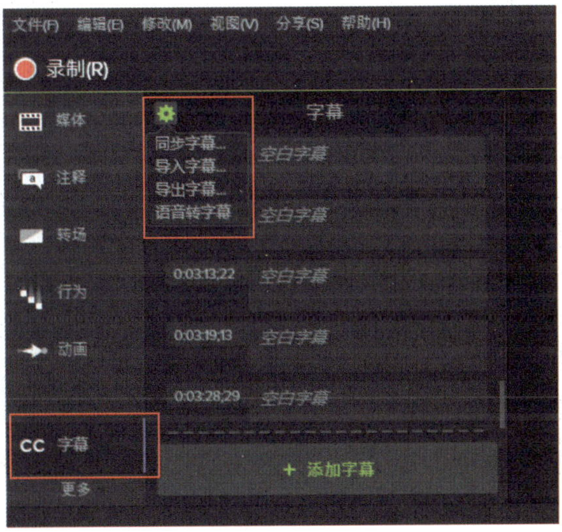

图 5-36　添加字幕

语音转字幕时，进度条如图 5-37 所示。

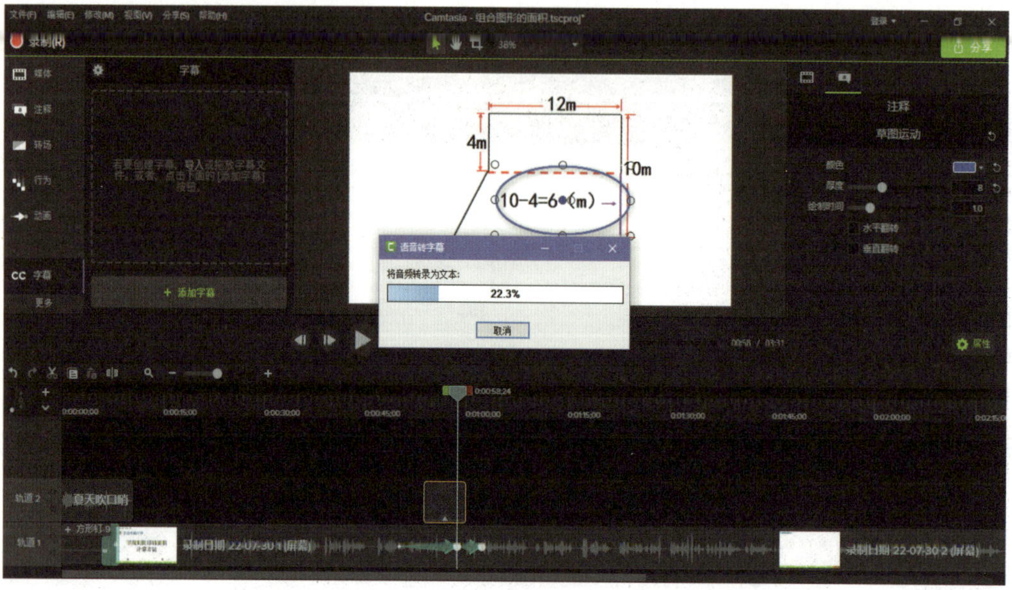

图 5-37　语音转字幕

转换完成之后，CS会自动添加一条轨道专门放置字幕，可针对每条字幕进行调整，如图 5-38 所示。

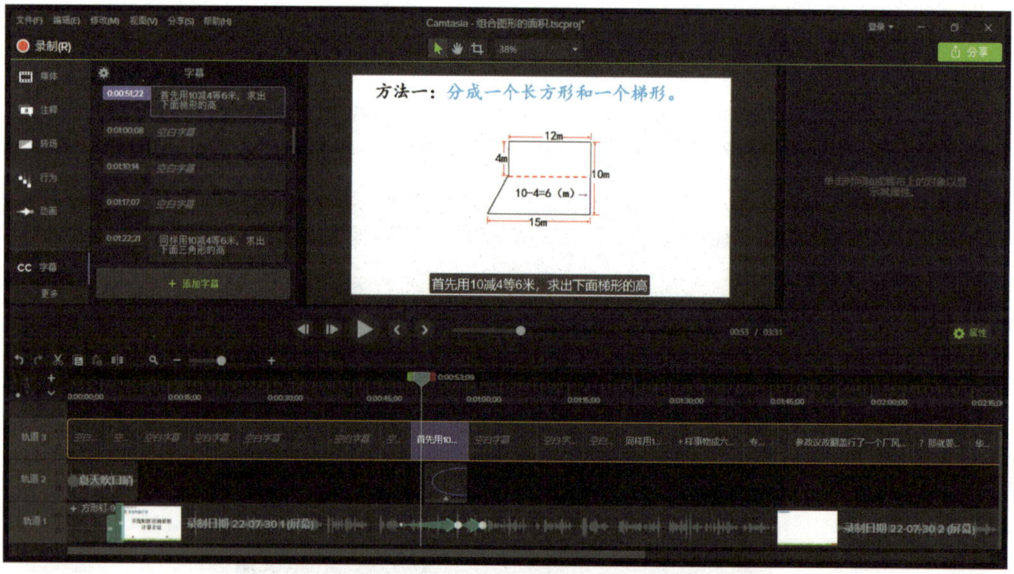

图 5-38　字幕轨道

说明：本例大部分内容在课件中都有对应的文字描述，所以只对关键的部分添加了字幕。

（8）添加片尾。在片尾添加作者和感谢信息。本例选择了“库”→“动态图形”→“介绍剪辑”→“波形 91”，并编辑文字，如图 5-39 所示。

图 5-39　添加片尾

（9）发布。生成 MP4 格式文件，如图 5-40 所示。

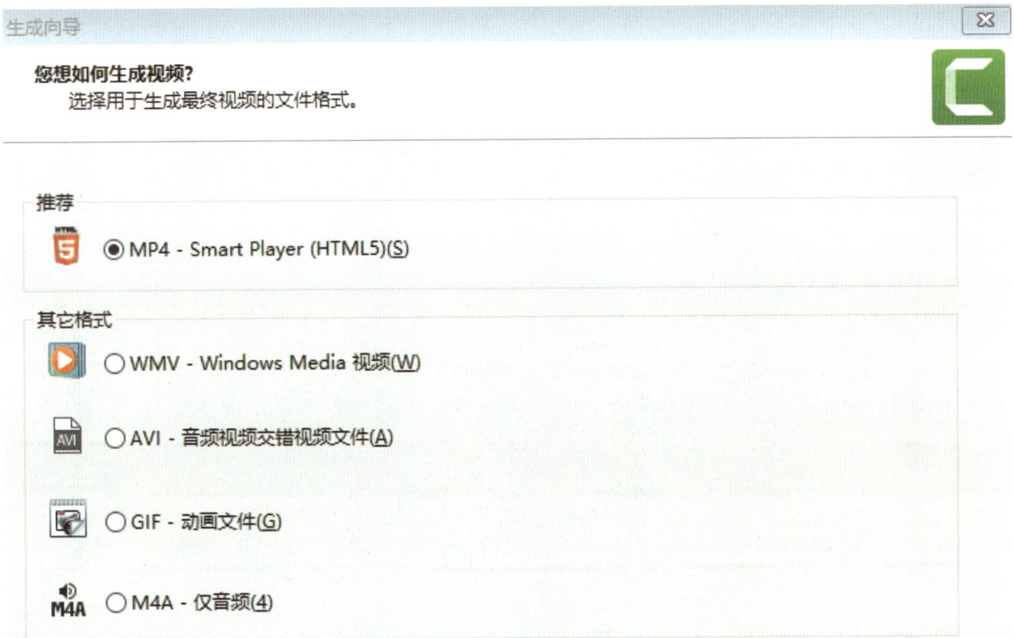

图 5-40　生成文件

因为本例有字幕，所以字幕设置中要注意选择“烧录字幕”类型，如图 5-41 所示。

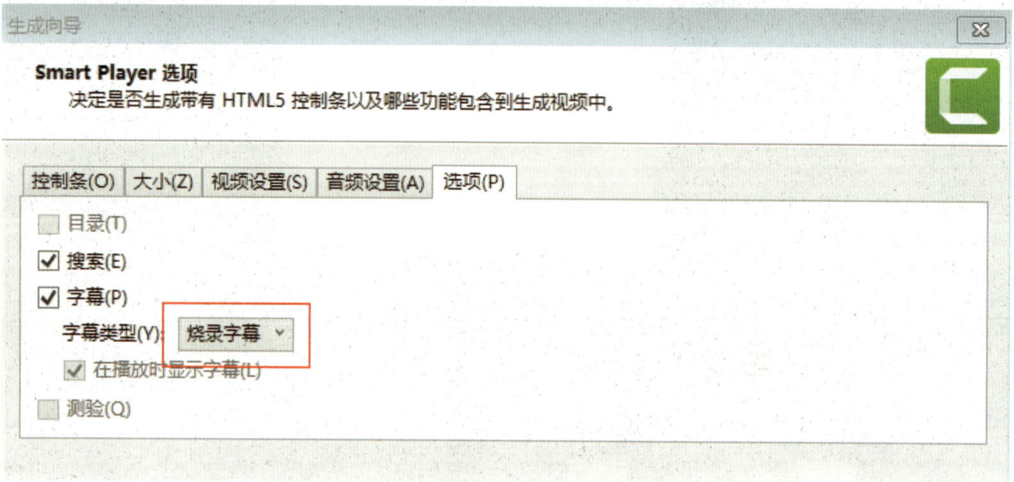

图 5-41　生成文件选择“烧录字幕”类型

不规则图形的面积计算方法

学习测评

制作一个微课，要求结构完整，符合微课的要求。

第 6 章

WPS 在教学中的应用

学习目标

知识目标

通过学习 WPS 的使用方法，掌握 WPS 在教学中的常用功能。

能力目标

能够使用 WPS 处理文字和表格。

素质目标

通过对 WPS 的学习，养成自主学习的好习惯。

6.1 WPS文字在教学中的应用

1. 制作田字格

（1）右击桌面，在弹出的快捷菜单中单击“新建”→“文档”，新建一个空白文字文档。

（2）在打开的文档中单击“插入”→“形状”→“矩形”，按住Shift键在页面上绘制一个正方形。设置正方形的“填充”为“无”，“轮廓”中的“主题颜色”为“黑色”，线条宽度为“2.25 磅”，如图 6–1 所示。

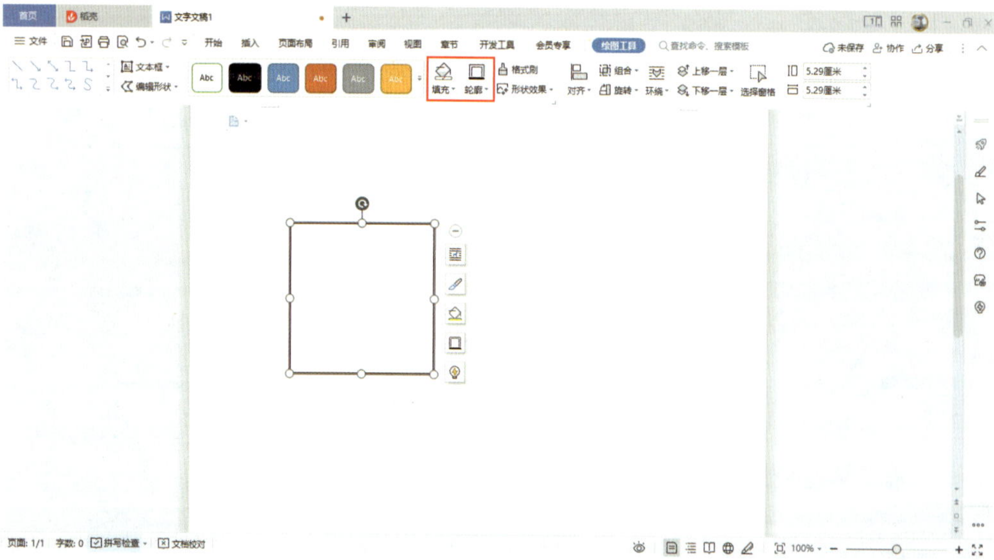

图 6–1　绘制正方形

（3）添加正方形里面的虚线。单击“插入”→“形状”→“直线”，按住Shift键在正方形中间绘制水平和垂直的线条。再次按住Shift键，分别选中内部的两条线，选择“轮廓”→“主题颜色”→“黑色”，“虚线线型”→“长划线”。按住Shift键，选中正方形和内部两条线，在右击弹出的快捷菜单中选择“组合”，组合之后，田字格就完成了，结果如图 6–2 所示。如果需要在另一个文件中使用田字格，可以保存成图片。方法：选中田字格后单击右键，选择弹出的快捷菜单中的“另存为图片”选项，在弹出的“另存为图片”对话框中修改文件名和保存的位置即可。

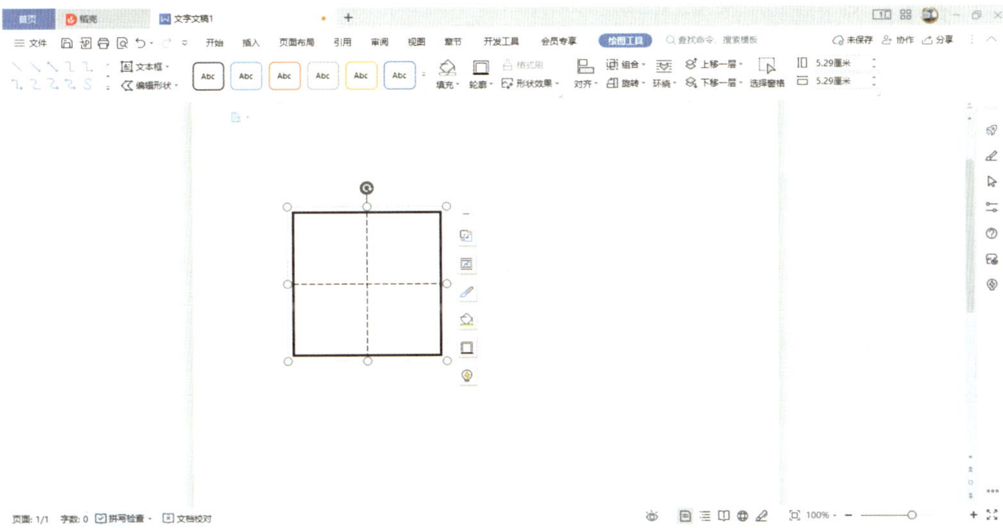

图 6-2　在正方形内绘制虚线

（4）使用文本框插入文字，设置字体为“楷体”，字号调整成合适的大小，移到田字格中恰当的位置，如图 6-3 所示。

图 6-3　使用文本框插入文字

但是文本框有白色填充背景和黑色边框，需要去除背景和边框。选中文本框，单击“填充”→“无填充颜色”，再单击“轮廓”→“无边框颜色”，结果如图 6-4 所示。

图 6-4　修改文本框

2. 使用“拼音指南”为中文添加注音

（1）在文档中输入“我的祖国”并选中这几个字，在“开始”选项卡的“字体”选项中选择“拼音指南”命令，如图 6–5 所示。

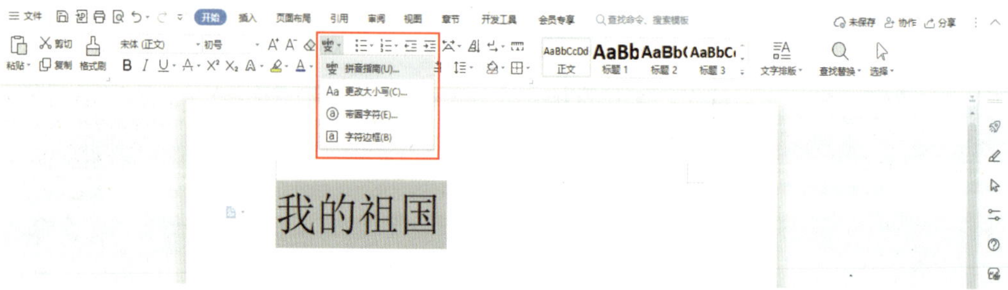

图 6–5　使用“拼音指南”

（2）打开的“拼音指南”对话框如图 6–6 所示。

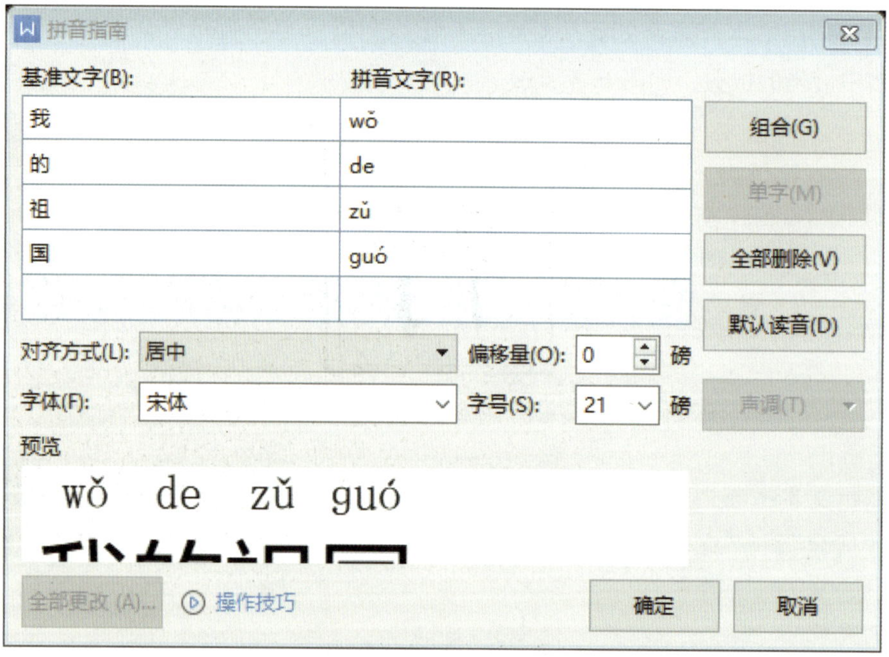

图 6–6　“拼音指南”对话框

（3）选择读音。例如“的”字是个多音字，如果要选其他的读音，可以在“拼音文字”对应的下拉列表中选择合适的读音，如图 6–7 所示。

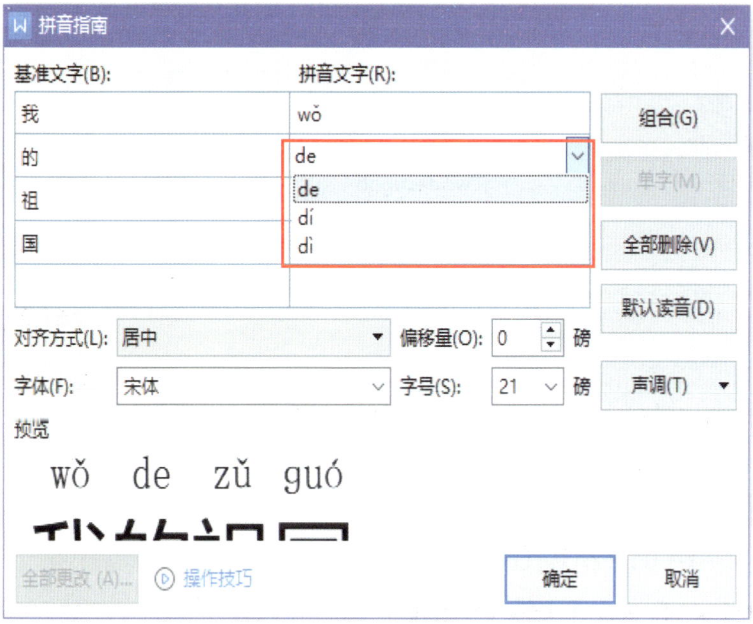

图 6–7　选择读音

（4）在“声调”下拉面板中选择韵母，如图 6–8 所示。

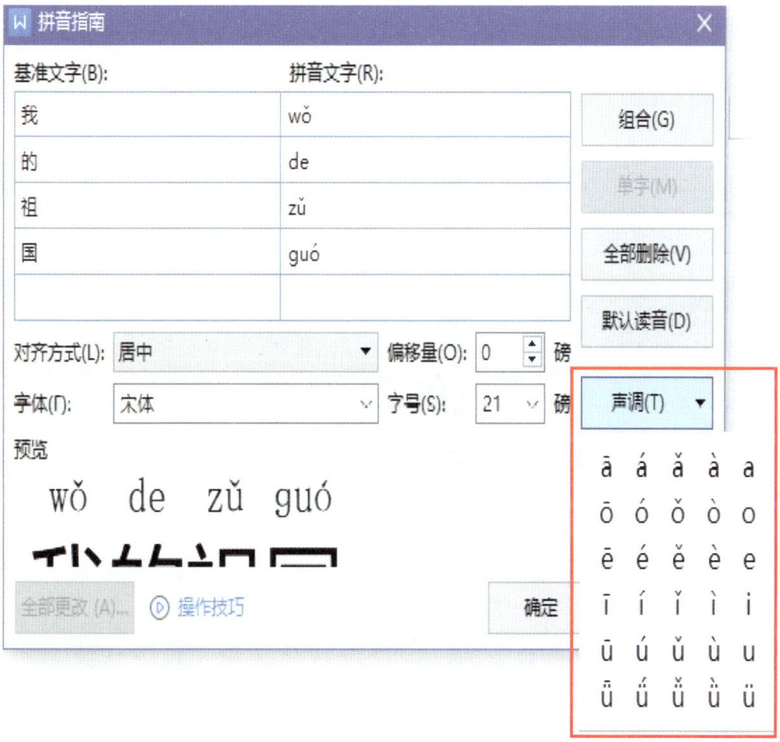

图 6–8　选择韵母

（5）单击“组合”按钮，可以使读音组成一个整体，如图 6–9 所示。

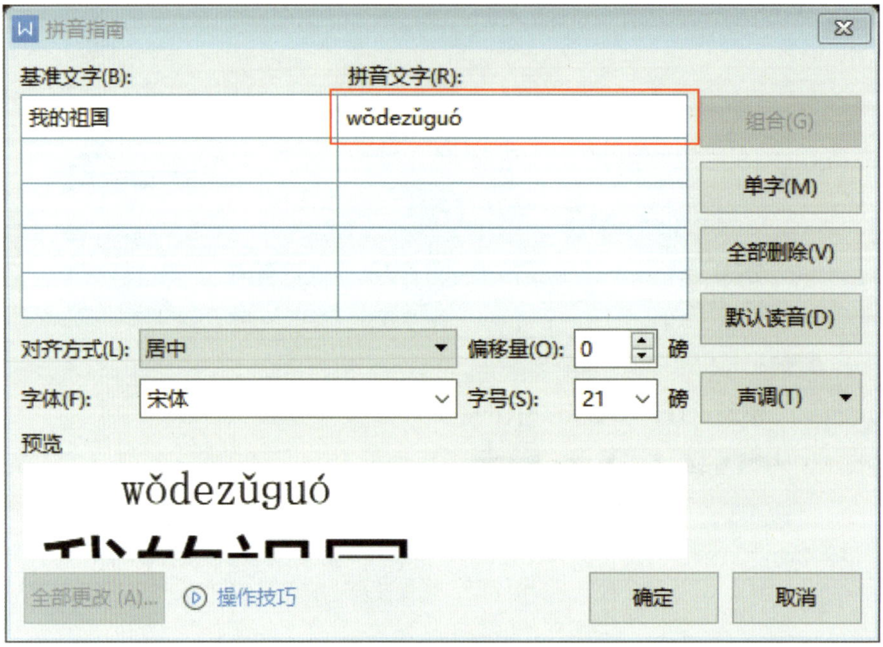

图 6–9 组合拼音

（6）调整了“对齐方式”“字体”“字号”“偏移量”之后，单击“确定”按钮，效果如图 6–10 所示。

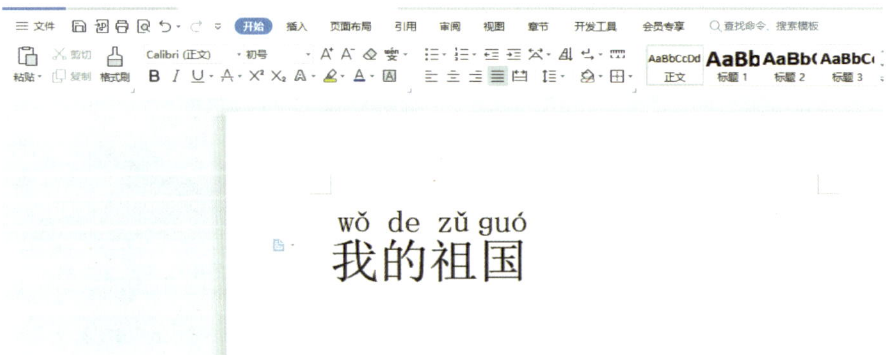

图 6–10 拼音编辑效果图

3. 制作作文纸

通过“页面布局”选项卡中的“稿纸设置”选项，设置作文格，如图 6–11 所示。

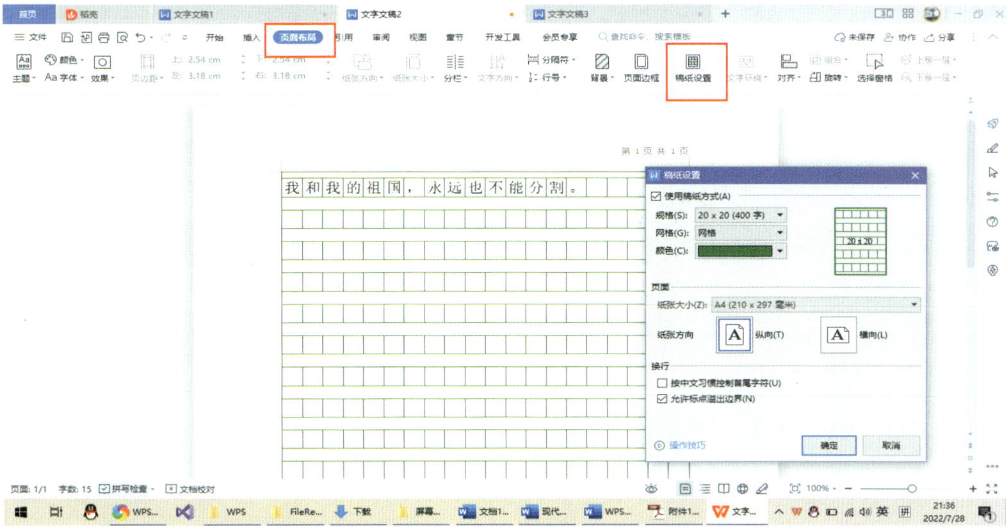

图 6–11　稿纸设置

4. 添加标点和中文偏旁部首

（1）单击“插入”→“符号”→“符号（标点）”，可以添加标点，如图 6–12 所示。

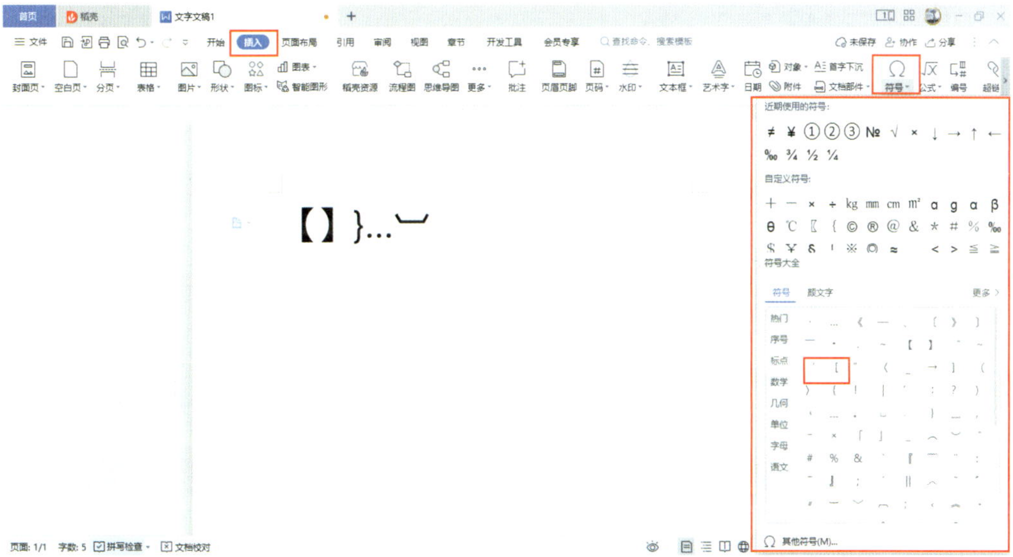

图 6–12　添加标点

（2）单击“插入”→“符号”→“符号（语文）”，可以添加中文偏旁部首，如图 6–13 所示。

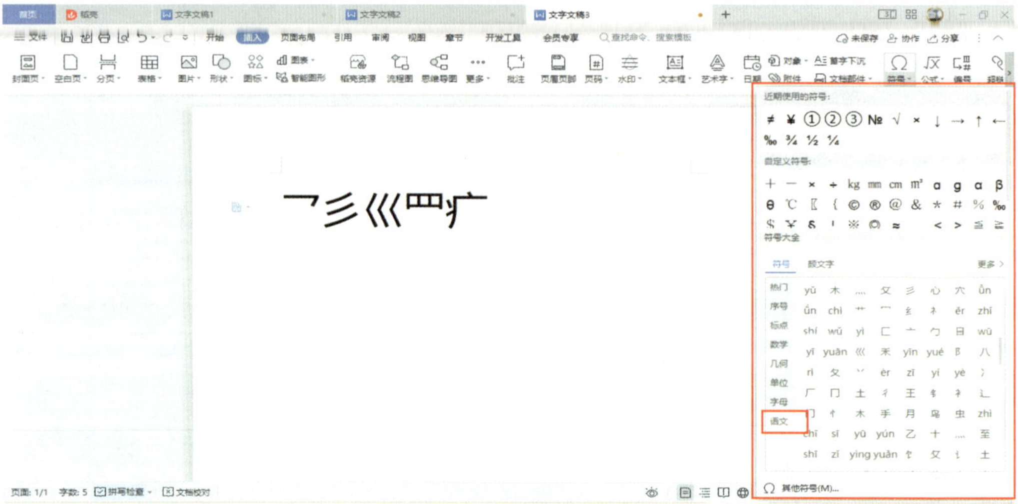

图 6–13　添加偏旁部首

5. 添加音标

方法 1：单击“插入”→“符号”→“更多（英语）”，可以添加英语音标，如图 6–14 所示。

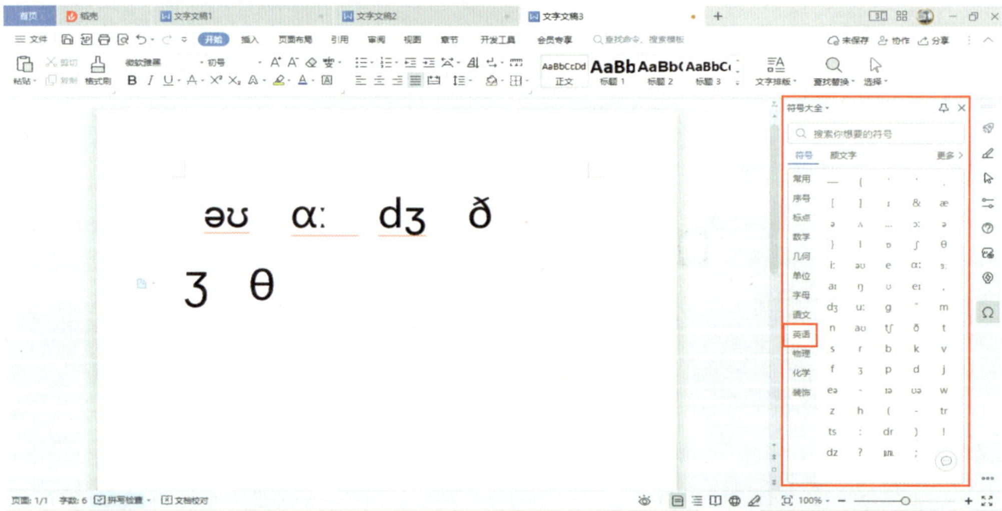

图 6–14　添加英语音标

方法 2：利用“搜狗输入法”输入音标。安装“搜狗输入法”（大部分中文输入法软件都有此功能），单击输入法界面中的“设置”按钮，弹出“搜狗工具箱”对话框，如图 6–15 所示。打开“符号大全”窗口，选择“英文音标”选项，如图 6–16 所示。

图 6–15　搜狗输入法工具箱

图 6–16　搜狗输入法的“符号大全”窗口

6.插入数学符号

单击“插入”→“符号”→“数学”选项，可以插入数学符号，如图 6–17 所示。

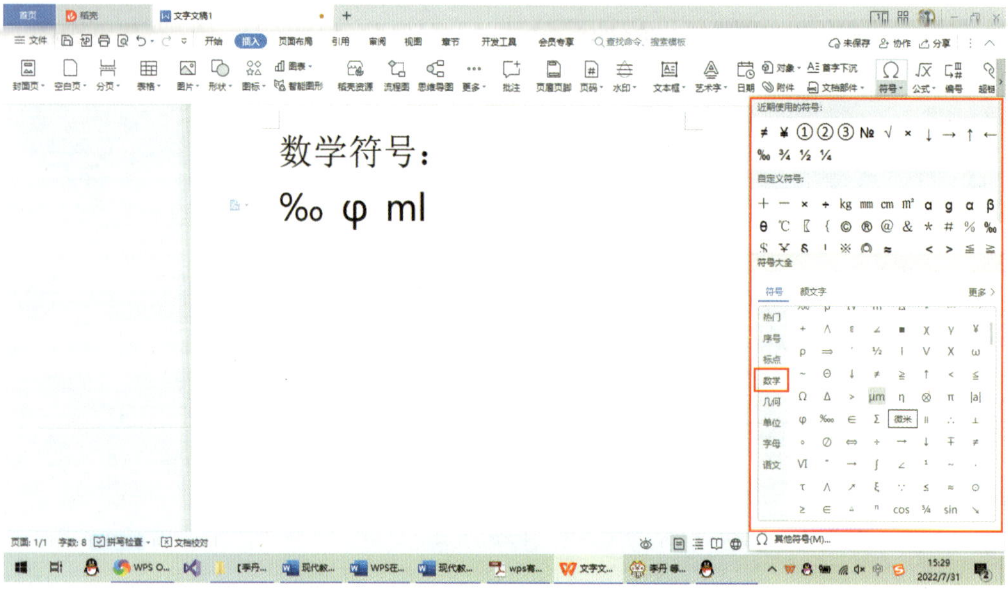

图 6–17　插入数学符号

7. 输入数学公式

（1）单击“插入”选项卡中“公式”按钮的下拉箭头，会出现如图 6–18 所示的软件自带的公式列表，可以直接选择使用。

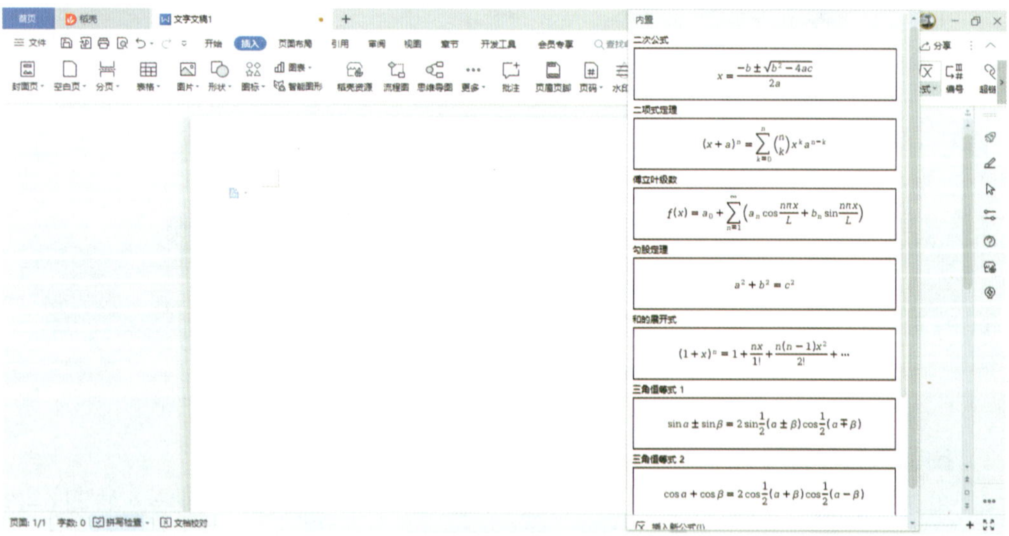

图 6–18　自带公式

（2）可以选择插入新公式，利用“公式工具”输入公式，如图 6–19 所示。

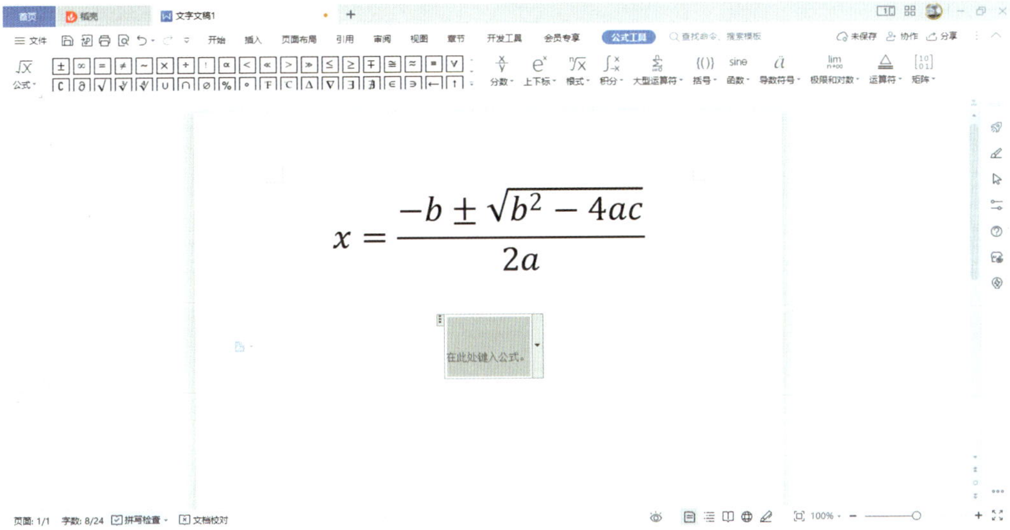

图 6-19　插入新公式

（3）可以打开公式下拉面板中的“公式编辑器”输入新公式，如图 6-20 所示。

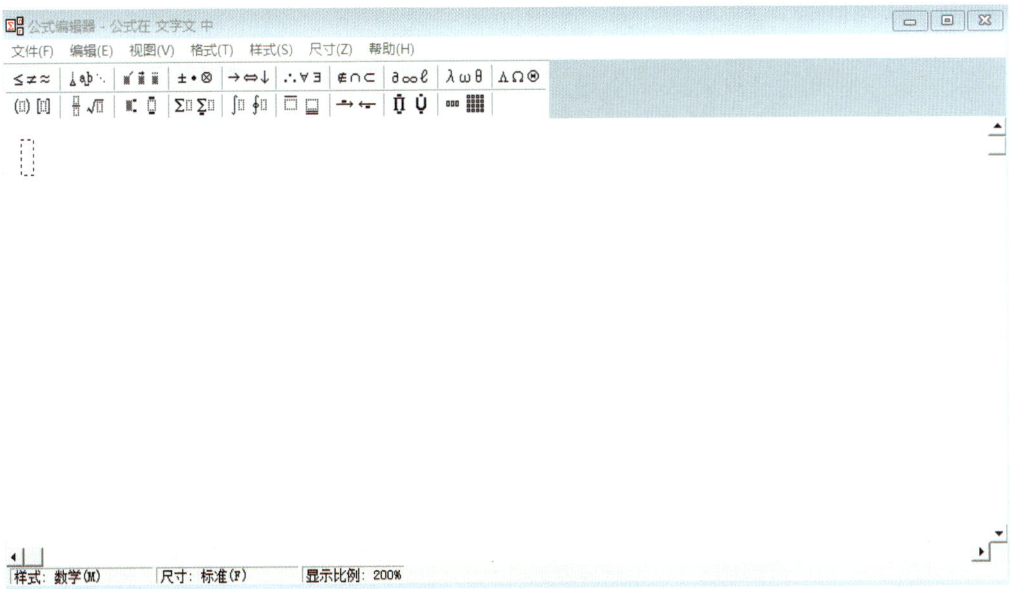

图 6-20　公式编辑器

6.2 WPS表格在教学中的应用

WPS表格有数据统计的功能。使用函数可以进行简单的数据统计。下面以统计学生成绩的总分、最高分、最低分、平均分、排名和等级为例，呈现WPS表格的作用。图6-21为学生成绩单。

学生成绩表

	A	B	C	D	E	F	G
1	姓名	语文	数学	英语	总分	排名	等级
2	张泰宇	90	95	98			
3	刘宇河	91	96	99			
4	唐耀冰	92	97	98.5			
5	卢雨	93	98	96			
6	罗昊海	94	99	93.5			
7	林之涵	90	95	97			
8	李朝实	91	96	98			
9	黄嘉冬	92	97	99			
10	凌初程	93	98	98.5			
11	最高分						
12	最低分						
13	平均分						

图6-21　成绩单

1.求总分

把光标定位在E2单元格，单击“开始”→“求和”→“求和”求总分，如图6-22所示。

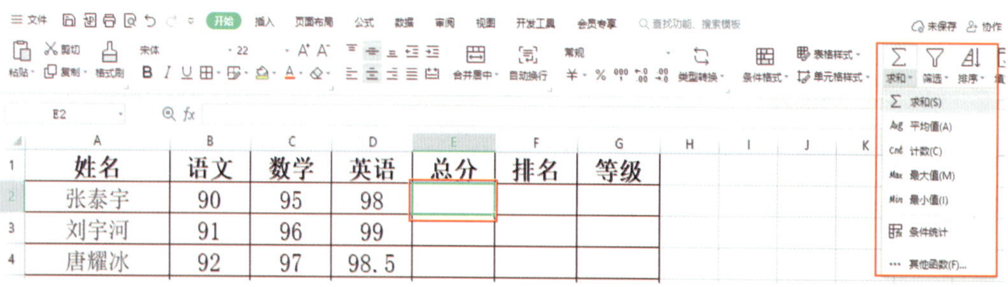

图6-22　求和

E2出现公式“=SUM(B2:D2)”，即为求B2到D2单元格的累加和，如图6-23所示。

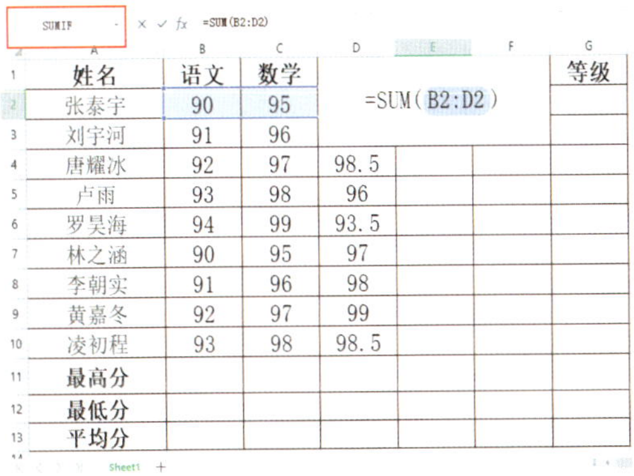

图 6-23　求和公式

按下 Enter 键，确认输入，就可以得到结果，如图 6-24 所示。

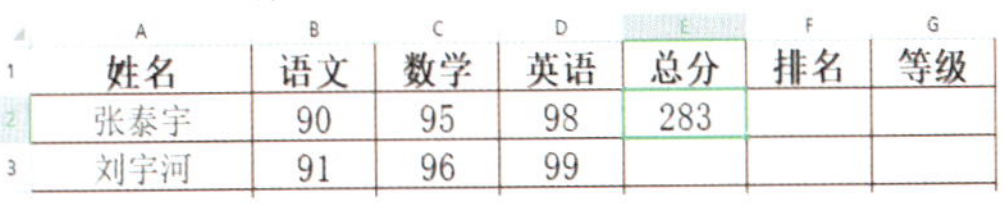

图 6-24　利用求和公式计算结果

把光标移动到 E2 单元格的右下角，当光标变成黑色十字形时，向下拖动光标至 E10 单元格，就可以把余下同学的总分算出来。

2. 求最高分

选中 B11 单元格，单击“开始”→“求和”→“最大值”，如图 6-25 所示。B11 出现公式“=MAX(B2:B10)”，按下 Enter 键即可求出 B2 到 B10 单元格中的最大值。再把光标移动到 B11 单元格的右下角，当光标变成黑色十字形时，向右拖动光标至 E11 单元格，求出其他三列数据的最大值。

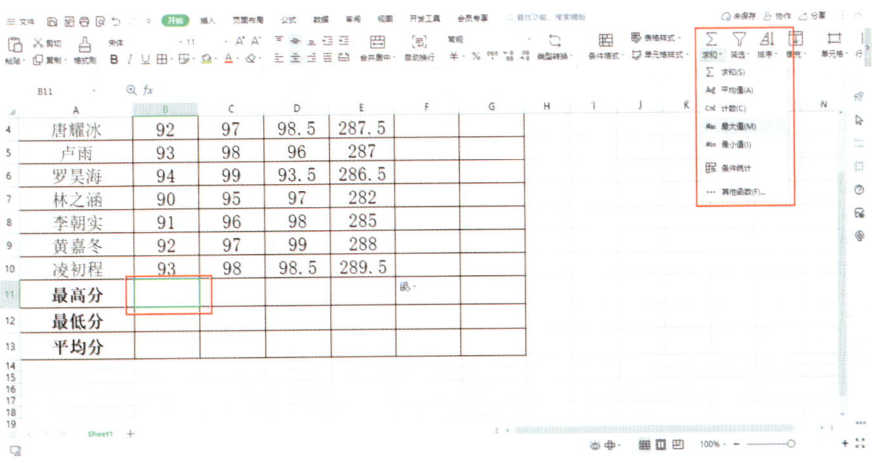

图 6-25　求最大值

3. 求最低分

选中B12单元格，单击“开始”→“求和”→“最小值”。如图6–26所示，B12出现公式“=MIN(B2:B11)”，将公式中的11改为10，即可求出B2到B10单元格的最小值。再利用智能填充，求出其他三列数据的最小值。

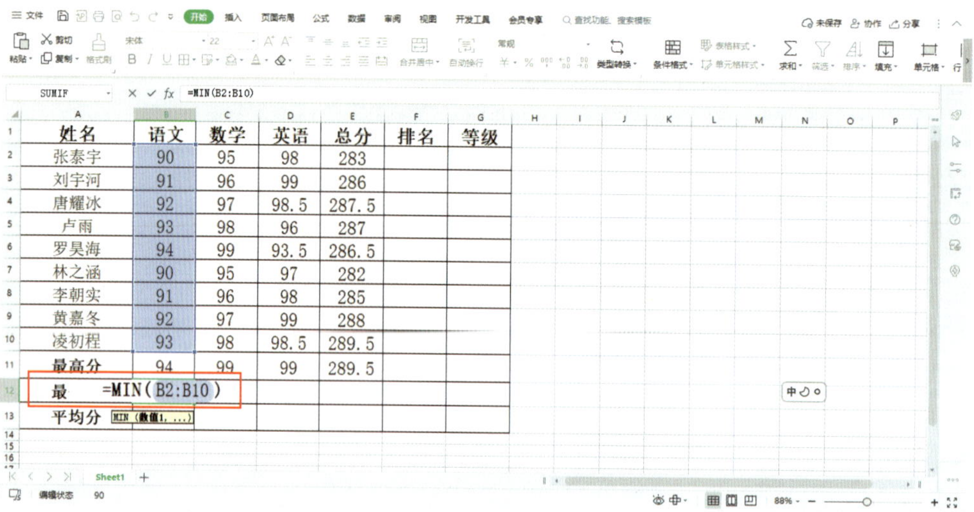

图6–26　求最小值

4. 求平均分

选中B13单元格，单击“开始”→“求和”→“平均值”。如图6–27所示，B13出现公式“=AVERAGE(B2:B12)”，将公式中的12改为10，即可求出B2到B10单元格的平均值。再利用智能填充，求出其他三列数据的平均值。

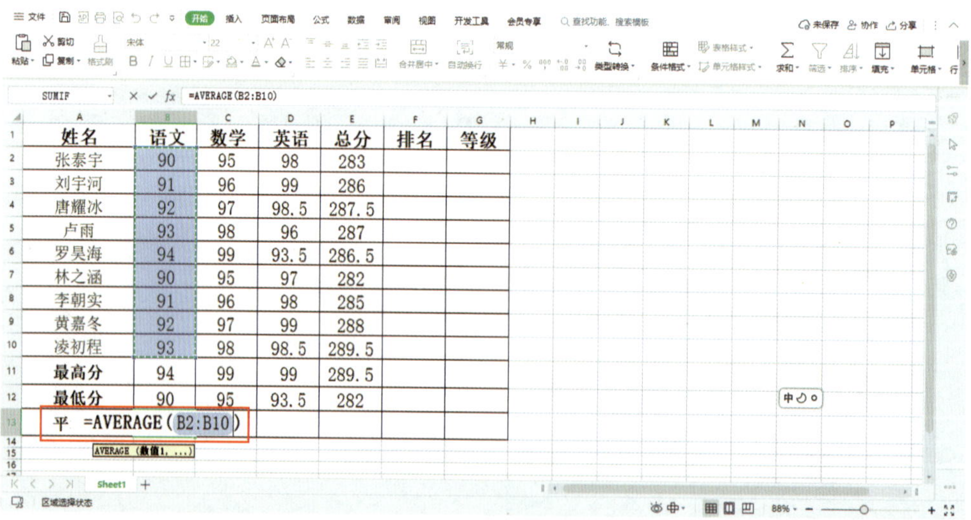

图6–27　求平均值

5. 计算排名

用总分进行排名。选中 F2 单元格，输入公式“=RANK(E2,$E$2:$E$10)”，求出 E2 在 E2 到 E10 单元格中的排名。再利用智能填充，求出 E3 到 E10 的排名。结果如图 6–28 所示。

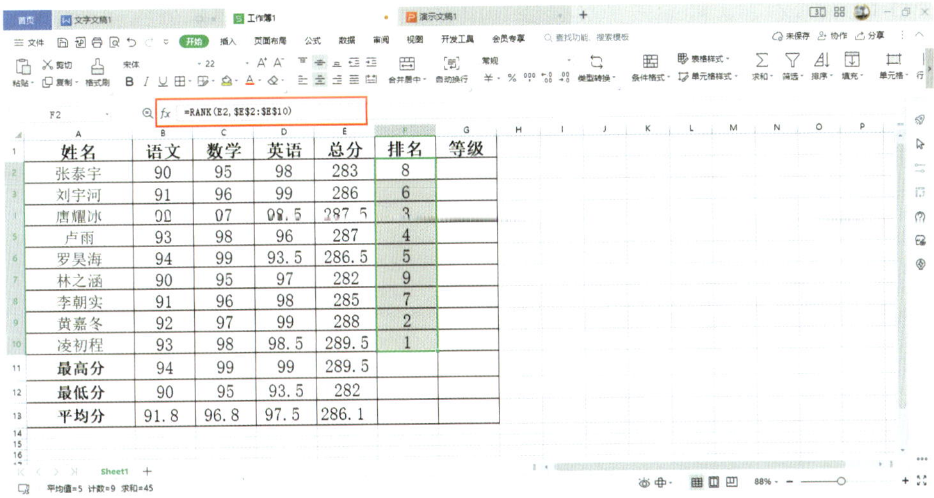

图 6–28 计算排名

6. 计算等级

语文成绩等级：95 ～ 100 分，A+；90 ～ 94 分，A；85 ～ 89 分，B+；80 ～ 84 分，B；75 ～ 79 分，C+；70 ～ 74 分，C。选中 G2 单元格，输入公式“=IF(B2>=95,"A+",IF(B2>=90,"A",IF(B2>=85,"B+",IF(B2>=80,"B",IF(B2>=75,"C+","C")))))”，如图 6–29 所示。

数据处理练习

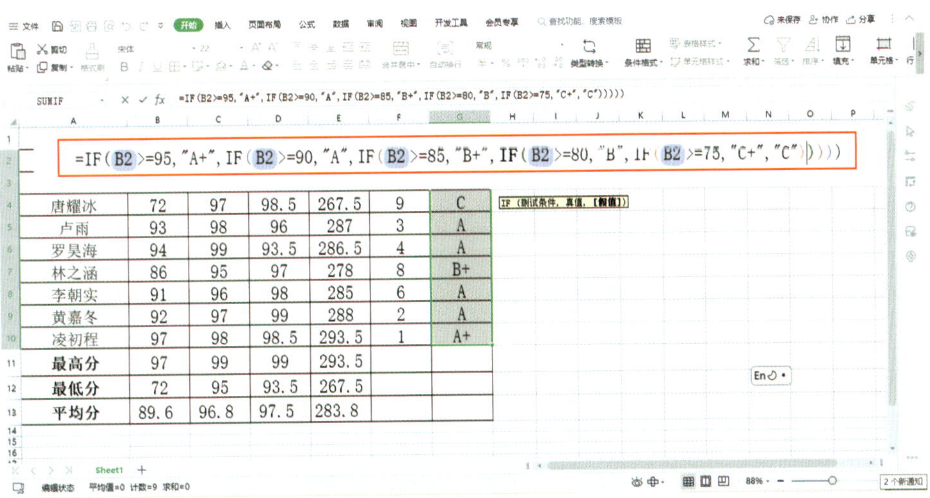

图 6–29 计算等级

6.3 WPS放映在教学中的应用

WPS Office有强大的演示放映功能，用好它将会使我们的课件放映如虎添翼。本节将学习WPS放映在教学中的应用。

（1）制作好课件之后，切换至菜单栏上的“放映”选项卡，如图6–30所示。如果要直接放映，单击“从头开始”或者“当页开始”按钮。

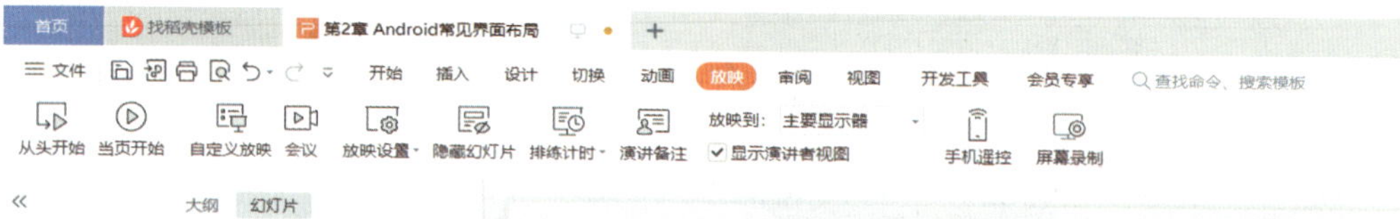

图6–30 放映工具栏

（2）单击“放映设置”按钮，打开放映设置对话框。可以在里面设置“放映类型”“放映选项”“放映幻灯片”“换片方式”等，如图6–31所示。

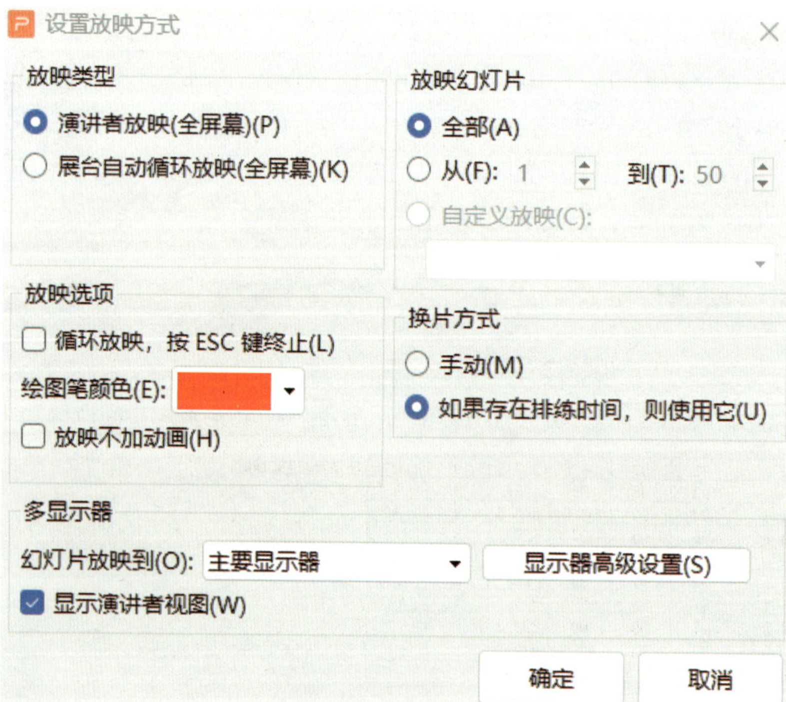

图6–31 “设置放映方式”对话框

（3）使用“自定义放映”模式可以在不改变原来演示文稿幻灯片顺序的情况下，改变幻灯片的放映顺序，如图 6–32 所示。

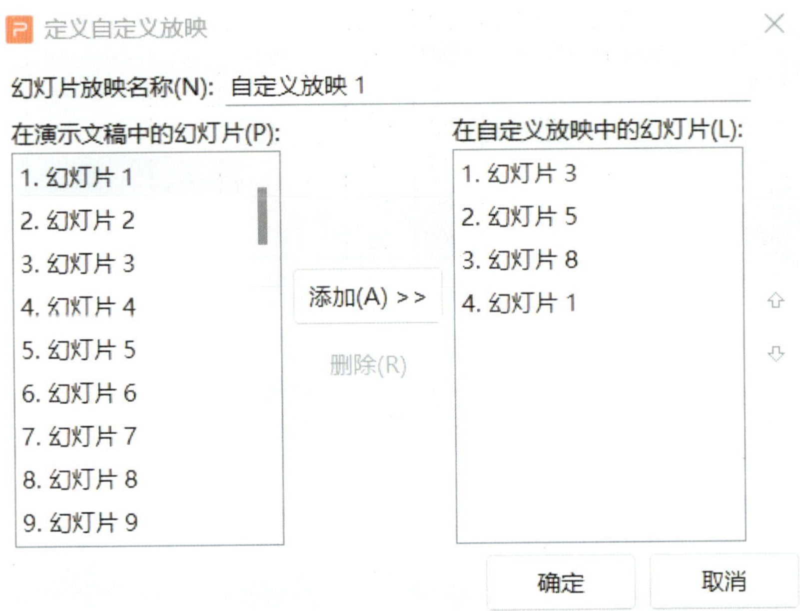

图 6–32 “定义自定义放映”对话框

（4）如果希望在某次放映时隐藏某些幻灯片，右击选中相应幻灯片之后，单击“隐藏幻灯片”按钮，可以在不删除幻灯片的前提下不放映它。

（5）如果需要自定每张幻灯片的放映时间，使用“排练计时”可以自动放映演示文稿，并单独调整每张幻灯片的放映时间。

（6）如果手机上有蓝牙幻灯片控制 App，可以使用“手机遥控”来控制演示文稿的放映。

学习测评

1. 在 WPS 文字中绘制一个田字格，输入文字“教”。

2. 用 WPS 文字的公式编辑器输入公式：$F(y)=\int_{y}^{y^2} e^{-x^2 y}\,dx+\prod_{y=1}^{100} y^2+\sqrt[3]{\frac{y+1}{y-1}+1}$。

3. 输入图 6–33 所示的表格，利用公式或函数，计算出员工工资表的实发工资、最高工资、最低工资和收入排名。

	A	B	C	D	E	F	G	H	I	J
1	员工工资表									
2	姓名	职称	岗位	基本工资	津贴	扣款	实发工资	排名	最高工资	最低工资
3	张三	高级	专任教师	4000	1200	80				
4	李四	中级	行政	3500	1000	70				
5	王五	初级	行政	3000	800	65				
6	刘六	高级	行政	4000	1200	66				
7	荣耀	中级	专任教师	3500	1000	77				
8	叶城	初级	专任教师	3000	800	80				
9	芳芳	高级	专任教师	4000	1200	50				

图 6-33　员工工资表

员工工资表

第7章 现代教育技术与教育变革

学习目标

知识目标

1. 了解信息技术与课程整合及信息化教学的相关知识。
2. 通过一个完整的课件案例，掌握使用电子白板制作课件的方法。

能力目标

能够独立使用电子白板软件制作出完整的多媒体课件并利用电子白板授课。

素质目标

1. 通过对现代教育技术促进教育变革知识的学习，促进学生教学观念的变革以及培养学生终身学习的态度和能力。
2. 通过对现代教育技术知识的学习，帮助学生树立终身学习的理念。

7.1 信息技术与课程整合

信息技术与课程整合是我国21世纪基础教育教学改革的一个新途径，与学科教学有着密切的联系和继承性，同时又是具有相对独立性特点的新型教学结构类型。信息技术与课程整合，不是仅仅把信息技术作为辅助教或辅助学的工具，而是强调要把信息技术作为促进学生自主学习的认知工具和情感激励工具，利用信息技术提供的自主探索、多重交互、合作学习、资源共享等学习环境，把学生的主动性、积极性充分调动起来，使学生的创新思维与实践能力在整合过程中得到有效的锻炼。这也正是创新人才培养所需要的。由此可见，信息技术与课程整合是改变传统教学结构、实施创新人才培养的一条有效途径，也是国际上基础教育改革的趋势与潮流。

7.1.1 信息技术与课程整合的概念

“整合”一词，来源于英语的“integrative”，意思为“使结合（with）；使并入(into)；使一体化，使其成为一体”。课程整合（curriculum integration）意味着对课程设置、各课程教育教学的目标、教学设计、评价等诸要素做系统的考虑与操作，也就是说要用整体的、联系的、辩证的观点来认识、研究教育过程中各种教育因素之间的关系。比较狭义的课程整合通常指的是，考虑到原来割裂的各门课程之间的有机联系，将这些课程综合化。刘茂森教授在全国教育技术学校“十五”课题开题研讨会上说：“所谓信息技术与课程整合是指信息技术教育课程的目的、任务与学科课程教学的目的、任务整合在同一教学过程中。”这里明确地界定了信息技术与课程整合是信息技术课程与学科课程的整合即课程的综合化。

信息技术与课程整合是指“信息技术”与“课程”的整合，而不是指“信息技术”与“课程整合”。正确的划分术语是我们理解其含义的关键。在系统科学方法论中，“整合”表示为由两个或两个以上较小部分的事物、现象、过程、物质属性、关系、信息、能量等在符合具体客观规律或一定条件的前提下，凝聚成较大整体的过程及结果。信息技术与课程整合的定义可以分为“大整合论”和“小整合论”两种。“大整合论”所理解的课程是一个较大的概念。这种观点主要是将信息技术融入课程的整体中去，改变课程内容和结构，变革整个课程体系。“小整合论”则将课程等同于教学。这种观点将信息技术与课程整合等同于信息技术与学科教学整合。

我国教育技术界权威专家李克东教授认为：信息技术与课程整合是指在教学过程中把信息技术、信息资源、信息方法、人力资源和课程内容有机结合，共同完成课程教学任务的一种新型的教学方式。这一观点整合了三个基本点：一是要在以多媒体和网络为基础的信息化环境中实施课程教学活动；二是对课程教学内容进行信息化处理后将其作为学习者的学习资源；三是利用信息化加工工具让学生进行知识重构。

我国著名教育专家何克抗教授认为：所谓信息技术与学科课程的整合，就是通过将信息技术有效融合于各学科的教学过程来营造一种新型教学环境，实现一种既能发挥教师主导作用又能充分体现学生主体地位的以“自主、探究、合作”为特征的教与学方式，充分地发挥学生的主动性、积极性、创造性，使传统的以教师为中心的课堂教学结构发生根本性变革，从而使学生的创新精神与实践能力的培养真正落到实处。在这一观点中整合的三个基本属性为：营造新型教学环境、实现新的教与学方式、变革传统教学结构。

7.1.2 信息技术与课程整合的目标

信息技术与课程整合要达到的宏观目标：建设数字化教育环境，推进教育信息化进程，促进学校教学方式的根本性变革，培养学生的创新精神和实践能力，实现信息技术环境下的素质教育与创新教育。具体目标可以概述为以下四个方面。

1.优化教学过程，提高教学质量和效益

信息技术与课程整合的本质是在先进的教育思想、教育理论的指导下，把以计算机及网络为核心的信息技术，作为教学环境的创设工具和促进学生学习的认知工具，应用到各学科教学过程中，将各种教学资源、各个教学要素和教学环节经过组合、重构、相互融合，提高教学质量，促进传统教学方法的变革。

2.培养学生的信息素养

现当代教育所面对的是信息技术高速发展、信息资源极大丰富的信息时代，信息成为一种战略性资源。创新能力和信息素养是信息社会所需新型人才必须具备的两种重要的素养，通过整合信息技术与课程教学，有助于培养学生的创新能力和信息素养。一方面，培养学生获取（包括信息发现、信息采集与信息优选）、分析（包括信息分类、信息综合、信息查错与信息评价）、加工（包括信息的排序与检索、信息的组织与表达、信息的存储与变换以及信息的控制与传输等）和利用（包括如何有效地利用信息来解决学习、工作和生活中的各种问题）信息的能力；另一方面，培养学生的合作精神和创新精神，促进高级认知能力的发展，同时培养学生对信息内容的理解与批判能力，并使其在虚拟的环境中具有良好的伦理道德和法律意识。

3.培养学生掌握信息时代的学习方式

海量的网络信息改变了人类的学习方式，学习者从接受式学习转变为自主学习、探究学习、研究性学习和协作学习。学习者的学习不再主要依赖于教师的讲授与对课本的学习，而是开始转变为利用信息化平台和数字化资源进行学习。学习者应学会在数字化情境中进行自主学习，学会利用网络通信工具进行合作讨论学习，学会利用信息加工工具和创作平台进行实践创造学习。

4. 培养学生终身学习的态度和能力

终身学习就是要求学习者能根据社会和工作的需求，确定继续学习的目标，并有意识地自我计划、自我管理、自主努力，通过多种途径实现学习目标的过程。信息时代学习资源的全球共享，虚拟课堂、虚拟学校的出现，现代远程教育的兴起，使人们可以随时随地通过互联网进行学习，使学习空间变得无围墙界限。信息技术和课程教学整合为人们从接受一次性教育向终身学习的转变提供了机遇和条件，有利于实现终身教育和终身学习。因此，我们要培养学生注重终身学习的态度和习惯，把学生培养成爱学习、会学习的学习型人才。

7.1.3 信息技术与课程整合的实施

信息技术与课程整合得以实施，需要信息化学习支持环境、信息化学习资源及人的因素共同作用。本书重点对信息化学习支持环境及信息化学习资源加以阐述。

1. 信息化学习支持环境

（1）信息化学习支持环境的组成。

这里所说的信息化学习支持环境主要是指教学硬件环境。为了满足学习者的学习需求，信息化学习支持环境基本组成部分如下。

①设施：如多媒体计算机、多媒体教室网络、校园网络、因特网等。

②资源：为学习者提供的经数字化处理的多样化、可全球共享的学习材料和学习对象。

③平台：向学习者展现的学习界面，实现网上教与学活动的软件系统。

④通信：实现远程协商讨论的保障。

⑤工具：供学习者进行知识构建、创造实践、解决问题使用。

（2）信息化学习支持环境的特点：①环境的开放性；②资源的共享性；③学习界面的人本性；④学习过程的协作性；⑤知识学习的重构性。

（3）信息化学习支持环境的类型：①学校学习支持系统，即校园网络系统，包括课堂学习环境和课外学习环境；②地区性学习支持系统（地区教育信息系统）；③现代远程教育系统。

2. 信息化学习资源

信息化学习资源主要是指教学软件资源，如媒体素材、试题库、案例、课件、网络课程和专题学习网站等。信息化学习资源是实施信息技术与课程整合的重要基础。如果没有学习资源的支持，信息技术与课程整合只能成为无源之水，无本之木。有效地利用和建设信息化学习资源，在信息时代的学习中占有非常重要的地位。

（1）信息化学习资源建设的含义。

信息化学习资源建设有四层含义：一是素材类教学资源建设，主要包括试题库、素材库、课件库和案例库；二是网络课程建设；三是教育资源管理系统的开发；四是通用远程教学系统支持平台的开发。其中素材类教学资源和网络课程建设是重点和核心，教育资源管理系统和远程教学系统支持平台的开发是工具层次的建设。素材类教学资源和网络课程的具体内容千变万化，具有多种特色，对应的管理系统和教学系统必须适应这种形式的变化，充分利用它们的特色。所有素材建设都必须围绕课程这个核心来进行组织，统一服从网络课程建设的要求，在网络课程建设中所用到的媒体素材、题库、网络课件、案例等纳入教学资源库统一管理。

（2）信息化学习资源建设的原则。

①规范性原则。信息化学习资源建设是教育信息化的基础，是需要长期建设与维护的系统工程。为了更有效地建设好国家级教学资源库，使其在质量、效益、可持续发展等方面有更强的保证，并充分发挥国家级项目的优势，避免重复建设工作，保障国家现代远程教育工程能够有计划、有步骤地实施，我国教育部在2000年制定了《现代远程教育资源建设技术规范》。在进行信息化学习资源建设时要遵循该规范，这样才能最大范围地实现资源共享，从而提升资源的价值。

②科学性原则。信息化学习资源建设中涉及的各种概念、原理、案例、模型等内容应该准确无误，因为正确地传递信息是对资源建设最基本的要求。

③先进性原则。信息化学习资源建设要充分考虑可持续发展的需要，这不仅包括信息化学习资源开发内容的先进性，也包括开发平台、操作系统、编程模式等具体开发技术的先进性。由此建设的信息化学习资源库能随着未来科学技术的发展而不断地平稳升级，以保证信息化学习资源持久可用。

④实用性原则。首先要使用最流行的学习资源建设开发平台和软件，确保安全、高效地运行。其次要采用通用的文件格式、界面风格和操作规范，使学习资源库不仅便于使用和维护，而且易于推广移植。

⑤开放性原则。在技术标准上实施开放的体系结构，采用模块化建设模式，以适应信息技术发展的需求。在资源开发上，采用专业与普及相结合的方法，调动多方面的积极性，扩大信息资源的来源，实现信息渠道的多元化和学习资源的多样性、交互性、扩展性。

⑥经济性原则。学习资源建设的优势是让学生以尽可能低的费用获得优质高效的教学服务，这就决定了系统的建设必须遵循经济性原则。也就是说系统建设成本要低，功能要强，性价比要高，这样学习资源才会有更高的利用率。

7.2 信息化教学环境

在信息社会，人们迫切需要新型的信息服务方式和更加开放的学习环境。随着教育信息化的不断推进，学校的信息化教学环境也发生了重大变化。信息化教学环境对促进教育公平、提高教学质量、构建学习型社会等方面都有非常重要的意义，信息时代的师范生对此要有深刻的认识，要自觉参与信息化教学环境的建设，并对其加以充分利用。

信息化教学环境是学校教育信息化和教育现代化的重要标志，是学校教学环境建设的重要组成部分，也是推动学校教育教学改革、促进教育信息化的必要条件。

7.2.1 信息化教学环境的概念

教学环境是指影响学校教学活动的各种情况和条件的总和，包括显性环境和隐性环境两部分。显性环境主要指学校教学活动的场所（教室、运动场、图书馆、会议礼堂、宿舍、食堂等）以及教学用具（实验仪器设备、运动器材、教学媒体等）等物理设施；隐性环境则包括学校的教育理念、教学氛围、校园文化、人际交往氛围、师资力量以及学生的心理适应能力等。

信息化教学环境是指运用现代教育理论和现代信息技术所创建的教学环境，是信息化教学活动开展赖以持续的条件，包含在信息技术条件下直接或间接影响教师“教”和学生“学”的所有条件和因素。根据教学环境应用的地理范围将信息化教学环境分为教室层次（智慧教室、多媒体网络机房、多媒体语言实验室、课程录播室和虚拟仿真室等）、校园层次（计算机局域网、数字校园、智慧校园）、教育城域网层次和互联网层次这四种层次。

7.2.2 信息化教学环境的构成

信息化教学环境是一个庞大复杂的系统，通常认为其由信息化教学硬件环境、信息化教学软件环境、信息化教学资源、信息化教学人文环境和信息化教学队伍五大要素构成。

1. 信息化教学硬件环境

信息化教学硬件环境是开展现代教育技术的前提和基础，如多媒体教室、电子阅览室、语言实验室、校园网、移动校园网、智慧校园等。与传统教学硬件环境相比，信息化教学硬件环境具有电子化、虚拟化、网络化、智能化、集成化和泛在化等特征。

2.信息化教学软件环境

信息化教学软件环境主要包括各种教学系统平台、信息化教学管理环境及标准规范、信息化教学安全保障体系和信息化教学工具系统等。

3.信息化教学资源

信息化教学资源是指以数字信号形式存在或出现，并可供学生使用的信息资源。信息化教学环境下教学优势的发挥必须有丰富多样的信息化教学资源的支持。

4.信息化教学人文环境

信息化教学人文环境主要包括现代教育思想、理念和意识，教育信息化政策与法规，信息化教学氛围，信息化学习气氛，信息化学习文化与道德等。

5.信息化教学队伍

信息化教学队伍是信息化教学环境中的核心要素，是信息化教学研究开发、应用推广、服务管理、实际应用等各种工作的中坚力量。信息化教学队伍由信息化教学领导与管理队伍、信息化教师队伍和信息化教学支持队伍组成。

7.2.3 信息化教学环境具体类型及其应用

1.校园网

校园网是指在学校范围内，把分布在不同地点的多台计算机利用网络设备、通信媒质连接，按照网络协议相互通信，为全校师生在教学、科研、办公、管理和综合信息服务等工作中提供共享软件、硬件和数据资源的计算机网络系统。校园网是学校信息化环境建设中一项重要的基础设施，也是衡量学校教育现代化的重要指标。

校园网的应用主要体现在以下几个方面。

（1）信息发布。利用校园网可以向师生展示学校的发展历史、最新动态、新闻、教学、科研、校园文化、招生等信息，同时也可以发布学校的重要事件、会议通知、各种公文，还可以进行会议直播。

（2）教学应用。教学应用是校园网的主要功能，主要体现如下。

①资源共享。师生可以利用校园网丰富的多媒体素材库、多媒体CAI（计算机辅助教学）课件、教案资源库、流媒体文件、扩展资源、数据资源，进行学习、教学和研究。同时，还可以进行交流和辅导，共享知识宝库。

②网络教学。学校利用校园网可以完成网络备课、网络授课、网络课程学习、网上练习、在线考试、虚拟实验、教学评价、作业提交与批改、辅导答疑等任务，也可以通过互联网邀请国外、校外专家学者异地讲学，让学生在校内实时收听收看，实现网上虚拟教学。

③信息交流。师生利用校园网的电子邮件、智能化搜索引擎、文件传输、视频点

播、远程教学、网络交流论坛（BBS）服务等进行信息的传输和交流，开阔视野和扩大知识面。

（3）管理应用。校园网为学校在人事、教务、科研、资产、财务、后勤等管理方面，提供了一个先进的分布式管理系统，为各类管理人员及时地收集、统计、分析学校的各种信息提供了便利，能大幅提高办公效率，减轻工作量。除网络教学管理外，校园网的管理应用还包括网上行政办公（如公文发布、浏览、批阅，文件收发等）、招生管理、学籍管理（如学生信息管理、班级信息管理等）、教务管理（如网上排课管理、学生选课管理、学生成绩管理、教室综合管理）、教师管理、档案管理、图书资料管理（如图书期刊检索管理、图书期刊借阅管理、电子期刊管理、电子图书管理等）、资产管理、计费管理、后勤服务管理和校园一卡通管理等。

（4）科研应用。利用校园网的软件、硬件资源及学术信息资源库，给科研人员提供一个与校内外或国内外同行进行信息交流、合作研究的平台。

2. 多媒体综合教室

多媒体综合教室是根据现代教育教学的需要，将多媒体计算机、多媒体投影机、视频展示台、中央控制系统、交互式电子白板、电动屏幕、录像机、影碟机、调音台、功放、话筒、音箱等现代教学媒体结合在一起，以利于教师和学生运用现代教育媒体开展教学活动的场所。

多媒体综合教室依据其规格大小、质量高低、教学功能差异，可分为以下几种类型。

（1）简易型。简易型多媒体综合教室是在普通教室基础上装配交互式电子白板或多媒体计算机、多媒体投影机、中央控制器、视频展示台、话筒、功放、音箱和银幕等常用现代教学媒体的教室。简易型多媒体综合教室可以进行计算机辅助教学。

（2）标准型。标准型多媒体综合教室包括图像、声音和控制三个系统，主要由多媒体计算机、多媒体投影机、视频展示台、多媒体控制平台、电动投影屏幕、录像机、影碟机、话筒、调音台、功放和音箱等设备组成。各种教学媒体的使用均可通过控制系统加以控制。

（3）多功能型。多功能型多媒体综合教室在标准型多媒体综合教室基础上增加摄录像系统（在教室配备 2 ～ 3 部带云台的摄像机，用于拍摄师生的教学活动过程，并进行记录和存储）和学习信息反应分析系统（通过学生座位上的应答器来实时收集和分析学生的学习反应信息，使教师能及时全面地了解学生的学习情况）。

（4）学科专业型。学科专业型多媒体综合教室在简易型多媒体综合教室或标准型多媒体综合教室配置的基础上，增加了某种学科教学特殊需要的一些设备，如生物课教学需要的彩色显微摄像装置等。

3. 多媒体网络教室

多媒体网络教室又称计算机网络机房，是一种基于计算机局域网，能综合传播和处理多媒体信息（如文字、图形、图像、音频、视频、动画等），使多种信息建立联系的交互性计算机网络教学系统，是一种能够支持学生自主、合作、探究性学习活动的信息化教学环境。根据学生机、教师机等网络设备的布局，其可以分为普通教室型、U字型、小组协作型和综合型。

多媒体网络教室具有集成性、交互性、数字化、网络化、在线教学等特点。

4. 微格教学系统

微格教学，又称微型教学、微观教学、小型教学，由美国斯坦福大学的艾伦教授等人创立并定义为一个有控制的实习系统，它使师范生有可能集中解决某一特定的教学行为，或在有控制的条件下学习。20世纪80年代，微格教学开始传入国内，学者和专家们对其进行了大量的实践和理论研究。关于微格教学的概念，我国著名教育学家孟宪恺教授认为，微格教学是一个有控制的实践系统，它使师范生和教师有可能集中解决某一特定的教学行为，或在有控制的条件下进行学习；它是建立在教育教学理论、视听理论和技术基础上，系统训练教师教学技能的方法。

5. 全自动录播教室

全自动录播教室是学校为教师课堂教学、精品视频公开课录制及名师讲座等而建设的专用场所。它能对教师现场授课、师生互动场景、课件展示、实验演示、课堂板书等活动进行自动跟踪录制，自动编辑生成授课实况录像。同时，授课实况录像能以流媒体的方式在互联网上直播观看，并且课后还可在网上点播重放。

全自动录播教室的功能如下。

（1）课程录制。录制的优质课堂教学、精品视频公开课、名师讲座，可以作为优质资源进行存储、共享和交流。

（2）教师课堂教学资源建设。教师自主录制课堂教学活动，可以作为个人课堂教学资源，为个人教学反思、课堂教学研讨和评估评价提供依据。

（3）网络教研活动。以课堂教学为主体的教研活动，可利用“录播”系统直播到每一个教师桌面，也可录制后作为样本在网上进行“微格式”分析研讨。

（4）扩展功能。全自动录播教室具有一定的小型演播室功能，可作为学校视频会议、观摩课、示范课等活动的场所使用。

6. 数字语言实验室

数字语言实验室是通过数字信号控制数字文本信号、数字音频信号来实现语言教学功能的实验室，是供语言教学专用的教室。语言实验室的教学形式主要有发音训练、听力训练、会话训练和口译训练等。

7. 智慧教室

智慧教室，又称未来课堂，是随着以物联网、云计算、大数据为代表的新一代信息技术在教育领域中的应用，而出现的一种典型的智慧学习环境，是多媒体教室和网络教室的高端形态。学者和专家们对智慧教室从不同的角度进行了界定和描述。杨宗凯教授认为，未来的教室一定是云端教室，包括电子课本、电子课桌、电子书包、电子白板……在资源方面，由模拟媒体到数字媒体，再到网络媒体，资源最终都在教育云上，内容达到极大丰富，从而满足个性化的学习。

智慧教室教学应用是连接课堂和课后学习的智慧教室教学系统。在课堂上，教师主要使用教学终端机与学生手持设备一对一地建立互动关系，同时可调用教学云平台的资源，以实现课堂控制、资源管理、应答反馈、电子白板互动演示等功能，学生则可通过手持设备完成获取信息、交互、反馈、分享等学习任务。在课后，教师可用教师端电脑通过教学云平台实现资源共享、任务布置与回收、在线帮助、教学准备等，学生则可通过手持设备浏览教学资源（微课、视频、图片、文本资源等），获取学习帮助。

8. E-Learning教学平台

何克抗教授对E-Learning的定义为：E-Learning是通过因特网或其他数字化内容进行学习与教学的活动，它充分利用现代信息技术所提供的具有全新沟通机制与丰富资源的学习环境，实现一种全新的学习方式；这种学习方式将改变传统教学中教师的作用和师生之间的关系，从而根本改变教学结构和教育本质。E-Learning教学平台是通过网络和信息技术形成教育、培训和学习的软硬件系统。目前E-Learning教学平台分为两种：一种是以学习管理为驱动的平台，有时也被称为学习管理系统（learning management system，LMS）、课程管理系统（course management system，CMS），如国外的Blackboard和Moodle平台，国内的国家基础教育网络教学平台、天空教室、101教育PPT等；另一种是以教学资源驱动的平台，如大规模在线开放课程（massive open online courses，MOOC）等。

7.3 希沃电子白板的使用

7.3.1 概述

随着科技的不断发展，科技产品被应用到了教育领域，各种先进的教学工具不断涌现。电视机、投影、交互式电子白板、交互式教学一体机、智慧教室等在不同阶段被应用于辅助教学中，对中小学课堂教学方法或多或少有所改变或促进，有些甚至可能带来革命性的变化。

随着技术进步、制造成本降低以及国家将更多的经费投入教育，许多中小学配备了先进的交互式现代教学装备。作为未来的人民教师，掌握这些现代教学装备的使用方法，是必备技能之一。

目前较为常用的教学工具除了传统的黑板和粉笔外，还有投影仪、电子白板等。特别是最近一两年，交互式多媒体教学一体机技术逐渐发展和成熟，其多功能的应用、强大的人机交互功能为教学提供了诸多方便，正逐渐普及到中小学课堂。

交互式多媒体教学一体机作为一个新型的多媒体互动教学终端，集电子白板、短焦投影、功放、音箱、视频展示台、中央控制器等多媒体设备功能于一体，充分满足现代教学应用需求，一举解决了当前多媒体教室各种设备分散、连接杂乱、操作烦琐、设备协调与兼容性差等问题，既方便广大教师轻松自如地开展多媒体教学，丰富了教学手段，拓展了教学表现形式，让常态课堂教学有了动感，又能激发学生的学习兴趣，提升课堂教学的质量与效率。

交互式多媒体教学一体机作为教育信息化的基础教学平台，既有效解决了大尺寸显示难题，又实现了最佳书写效果。相比于传统的电子白板，交互式多媒体教学一体机有如下优点。

第一，使用交互式白板技术容易对材料展示过程进行控制。教师不必到主控台前操作，就可控制演示材料的播放，这使得课堂中教师的身体语言得以充分发挥，也避免了课堂上由于教师往返于黑板与主控台间而分散学生注意力的问题。教师能在一体机屏幕上自由地板书，不再只是“鼠标的单击者”，学生也不用再当“录音机”。最重要的是，教师可以和学生面对面地交流，可以通过眼神、手势等多种方式与学生充分互动交流，演绎精彩课堂。

第二，使用交互式白板技术能即时、方便、灵活地引入多种类型的数字化信息资源，并可灵活地对多媒体素材进行编辑组织、展示和控制。它使得数字化资源的呈现更灵活，也解决了过去多媒体投影系统环境下，使用课件和幻灯片讲稿教学材料结构高度固化的问题。交互白板能够实现丰富多样的教育资源的灵活整合，可以在交互白板的计算机工作界面调用计算机及网络原有的各类资源（包括各类计算机和网络软件课件，各类多媒体光盘和视频、音频材料等），也可直接调用交互白板内置的多种资源库，主要有活动挂图资源库、注释库、超链接库、动画库等。

第三，板书内容可以被存储下来。写画在白板上的任何文字、图形或插入的任何图片都可以被保存至硬盘或移动存储设备，供下节课、下学年或其他班级使用，或与其他教师共享。在计算机中，每个教师都有自己的资源库，以供日后再次使用。这些资源库中的资料对于教师的讲课有重要的作用，并且教师还可以通过互联网或者连接其他计算机以获得更多的资源。

第四，交互式白板技术使得以前色彩单调、呈示材料类型仅止于手写文字和手绘图形的黑板变得五彩缤纷，既可如以往一样自由板书，又可展示、编辑数字化的图片、视频。这将有利于提高学生学习兴趣，保持其注意力，同时有利于实现人机和人际交互，为教师与学生、学生与学生、师生与资源的交互提供了平台，还能提高学生积极性，让学生主动加入到学习过程中。

第五，白板不再是一块“冷冰冰”的黑板，而是学生的另一位老师或朋友。因为它在外观和操作上接近黑板和触摸屏，所以使用交互式白板仍然可以像传统黑板一样自由板书，无须严格的专业训练，易学易用。部分年龄较大、计算机技能较薄弱的老教师稍加尝试就可使用白板的基本功能进行教学。另外，不需要使用键盘而在白板上直接书画和操作，有利于幼小儿童和残障学生更踊跃地参加到教学中来。

第六，交互式白板使教师对计算机的操作透明化。它使学生可以清楚地看到教师是如何对软件进行操作的，如单击了哪个按钮或哪个菜单。这对计算机软件应用的学习十分有意义。在计算机机房教师可以在白板上操作，这使教师可以离开计算机操作台而面向学生了，这个变化使教师从“远离学生集体”又“回到学生集体”当中。

7.3.2 交互式多媒体教学一体机

交互式多媒体教学一体机由硬件和软件两部分组成。本节就交互式多媒体教学一体机硬件的使用、维护，以及软件的使用分别进行介绍。

交互式多媒体教学一体机从外表上看就像一台大电视机，如图 7-1 所示。本节以常见的交互式多媒体教学一体机品牌——希沃（seewo）为例做介绍。

图 7-1　交互式多媒体教学一体机

一体机操作起来，就像一台特大号的平板电脑或者手机。因此在教学中，使用者很快就能熟练上手。希沃一体机的显示尺寸为55英寸[①]到86英寸，双核引擎，Windows、Android双系统一体设计，深度融合，数据互传共享，双系统均可独立实现白板书写和多种格式的多媒体课件播放。一体机有丰富的接口，可以外接计算机和其他设备当显示屏使用。

作为教学用的一体机，一般和组合黑板一起安装，如图7-2所示。

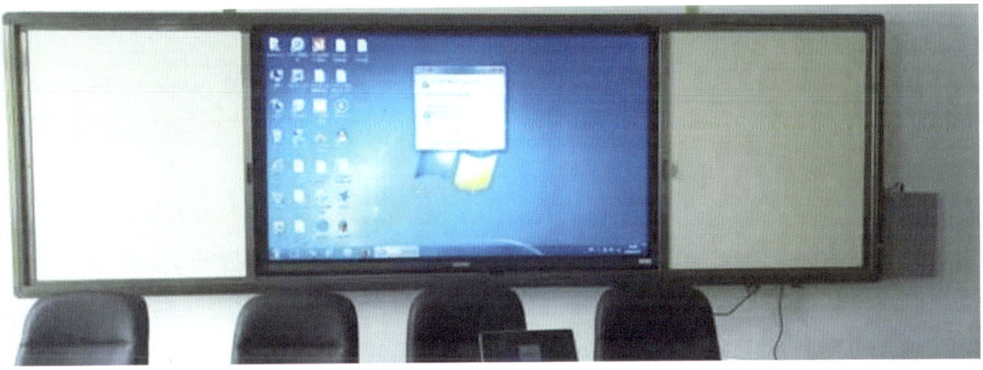

图7-2　和组合黑板一起安装的一体机

教学用的一体机也有的安装在可移动式支架上，如图7-3所示。

图7-3　移动式一体机

一体机面板上按钮和接口的作用如图7-4所示。

① 1英寸≈2.54厘米。

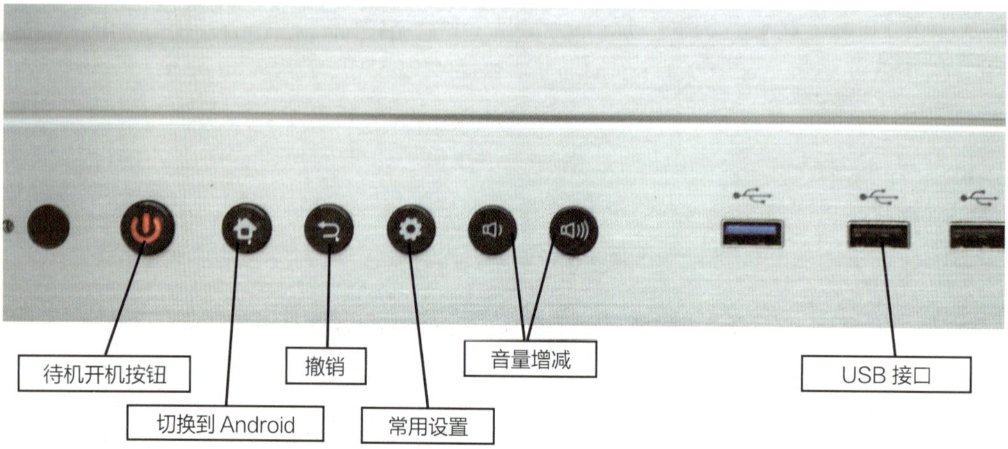

图 7-4　面板上按钮和接口的作用

使用一体机，首先要将机器底部电源接口旁边的电源开关打开，如图 7-5 所示。机器进入待机状态，此时“待机开机”按钮亮红灯，轻按“待机开机”按钮，灯变为绿色，机器进入开机状态。正常开机后，如果进入的是Android系统，想要换到Windows系统，那么轻按“常用设置”按钮，在如图 7-6 所示弹出的对话框中，选择“PC”，即可切换至Windows系统。

图 7-5　电源开关

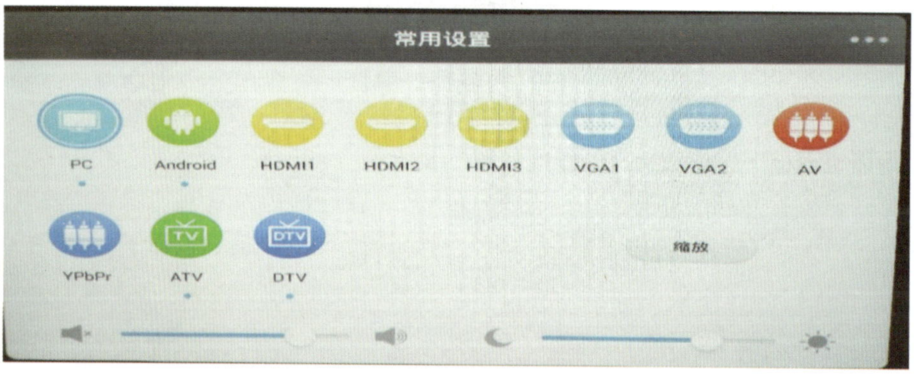

图 7-6　“常用设置”对话框

7.3.3 电子白板软件使用基础

1.软件简介

交互式多媒体教学一体机仅有硬件设备还不足以发挥其作用，还需和相应的电子白板软件配套使用。希沃白板 5 就是和一体机配套使用的一款比较优秀的电子白板软件，是由希沃交互式多媒体教学一体机制造厂家——广州视睿电子科技有限公司自主研发，针对信息化教学需求设计的互动式多媒体教学软件。该白板以多媒体交互白板工具为应用核心，提供云课件、素材加工、学科教学、思维导图、表格、课堂活动等多种备课、授课的常用功能。希沃白板 5 的教学互动方式简单高效，备课、授课功能一体化，并基于K12 各个学段提供了诸如汉字、拼音、几何、函数、公式、英汉字典、化学方程式、题库、星球、课程视频、画板等对应的学科工具，具备强大的互动教学与演示体验功能。

2.运行环境

（1）软件环境。

Windows 7 sp1 及以上版本；

. Net Framework 4.5 及以上版本；

Microsoft Media Player 10.0 及以上版本；

Flash Player 11 及以上版本；

Microsoft Office 2007 及以上版本。

（2）硬件环境。

推荐硬件配置如下。

CPU：intel i5；

内存：4GB；

分辨率：1920 × 1080。

（3）最低硬件配置。

CPU：intel i3；

内存：2GB；

分辨率：1366 × 768。

3.安装

希沃白板 5 软件的安装包可在希沃官网（https://e.seewo.com/）下载。双击软件安装软件，将弹出如图 7-7 所示的软件准备安装界面。

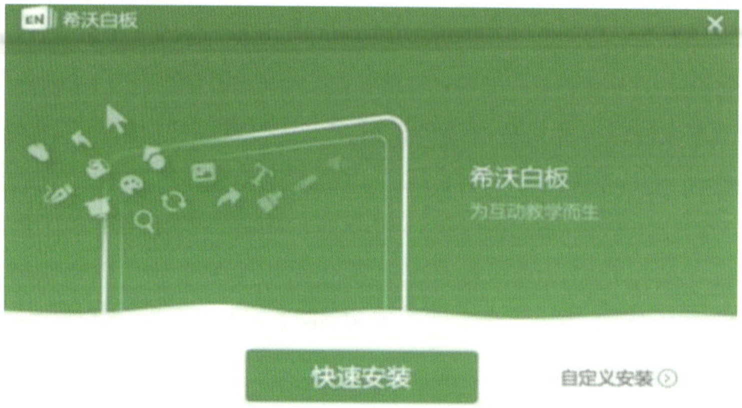

图 7–7　准备安装界面

单击“自定义安装”链接可进入安装路径选择界面，如图 7–8 所示。

图 7–8　安装路径设置界面

单击“修改”按钮可浏览计算机中的文件夹，设置安装路径；完成后单击“开始安装”按钮即可进入软件安装界面，如图 7–9 所示。

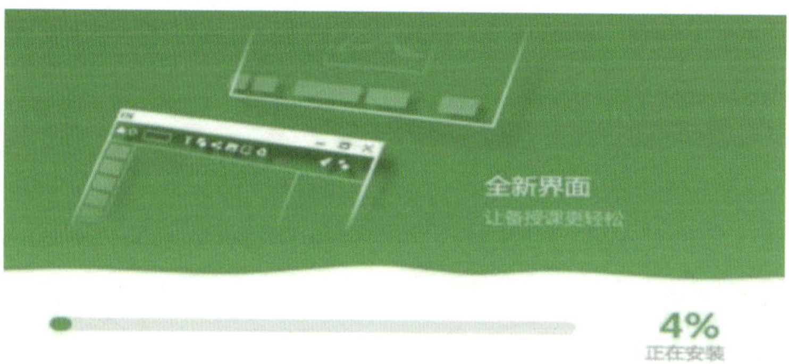

图 7–9　安装界面

安装完成后，弹出如图 7–10 所示的安装完成界面。至此，希沃白板 5 就可以开始使用。

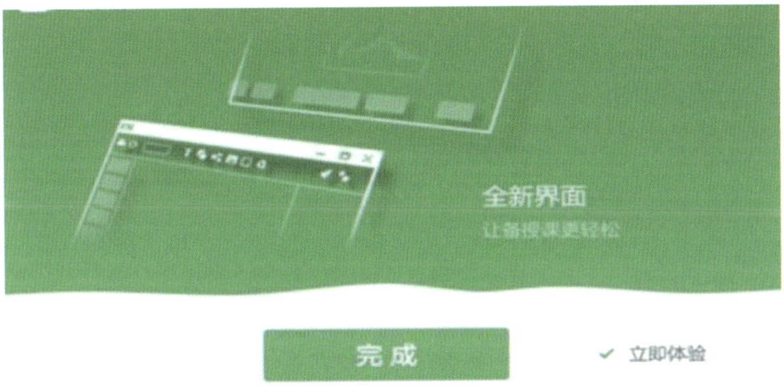

图 7–10 安装完成界面

4. 使用介绍

在软件安装完成后，双击桌面上的图标“EN”或者在“开始”菜单的“所有程序”下拉列表中选择“希沃白板 5”，即可启动希沃白板 5 软件。

首先会进入登录页面，如图 7–11 所示。

图 7–11 登录页面

如果已有希沃账号可直接输入账号、密码或扫描二维码进行登录，直接进入该账号的云课件页面，如图 7–12 所示；如果没有账号，可单击“立即创建”链接，进入注册页面，即可按照流程注册希沃账号，成功后会自动登录云课件页面。

（1）云课件。教师在备课模式下的课件会自动同步到该账号的云课件中，教师可以直接从云课件列表中拉取课件进行备课编辑以及授课，也可以直接新建课件，如图 7–12 所示。

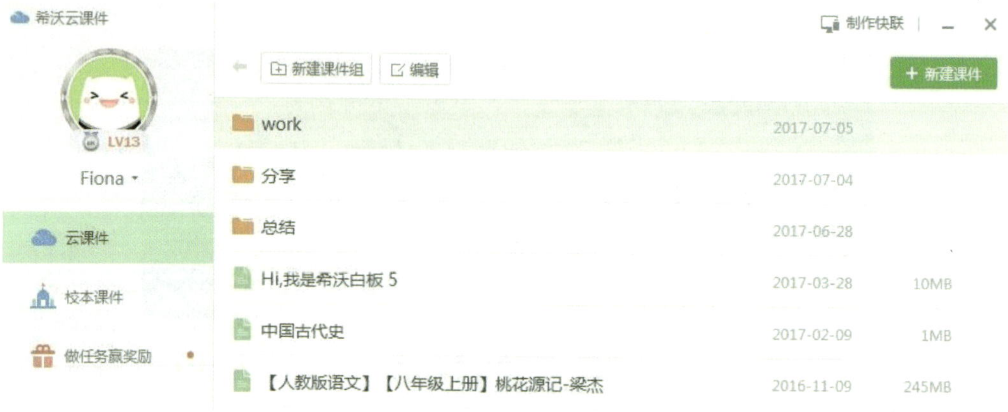

图 7–12　云课件

（2）个人信息设置。页面左上角显示会员头像、昵称、标识、等级等信息。

①个人信息。单击左上角的昵称，弹出个人信息页面，如图 7–13 所示，可查看个人头像、昵称、所处学段、所授学科等信息。

图 7–13　个人信息

②账号信息。单击账号信息，弹出页面如图 7–14 所示，修改昵称、学段、学科信息后，单击“完成”按钮即可成功修改信息。

图 7-14 个人中心

③绑定学校。单击“立即绑定”链接，如图 7-15 所示，输入学校邀请码，即可申请加入该学校的校本资源库。待学校管理员在希沃信鸽中审核通过教师的申请后，教师即可分享课件到校本资源库中。

图 7-15 绑定学校

④退出登录。单击“”按钮可注销当前账号，返回登录页面。

（3）制作快联。制作快联是设置U盘为登录账号的功能。将U盘设置为当前账号的登录账号后，下一次插入U盘即可直接登录，而无需输入账号密码。可根据如下流程进行操作：

单击“”（制作快联）按钮，弹出“U盘连接至电脑”页面，如图 7-16 所示，此时将U盘插入电脑可进入下一步。

图 7-16　将 U 盘连接至电脑的页面

此时软件会检测出当前连接至电脑的U盘，选择需要制作的U盘即可进入下一步，如图 7-17 所示。

图 7-17　选择 U 盘

此时软件已经成功将选中的U盘设置为登录账号，退出登录后下一次可直接插入U盘进行登录，而无需输入账号、密码，如图 7-18 所示。

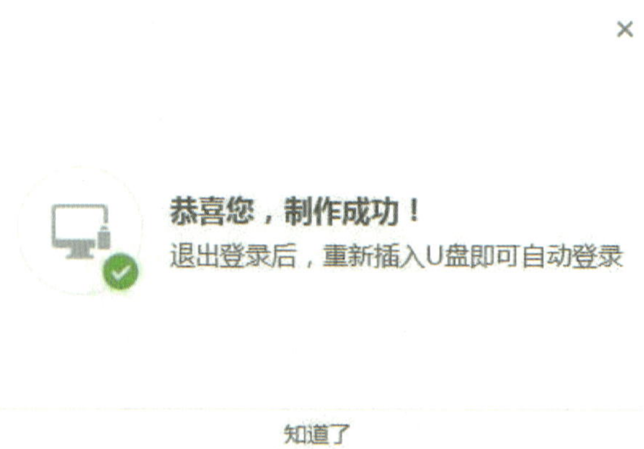

图 7-18　制作成功

5. 使用电子白板授课

如果在一体机里安装了希沃白板 5，那么登录希沃白板 5 后，即可将原有的PPT课件导入，开始教学活动。也可以利用电子白板软件的备课模式来制作课件进行教学活动。单击“开始授课”按钮，即可全屏显示课件，如图 7–19 所示。

图 7–19 开始授课

进入授课模式后，整个界面进入全屏显示模式，只有屏幕下方显示了一行授课工具栏，其他工具、菜单均被隐藏，如图 7–20 所示。

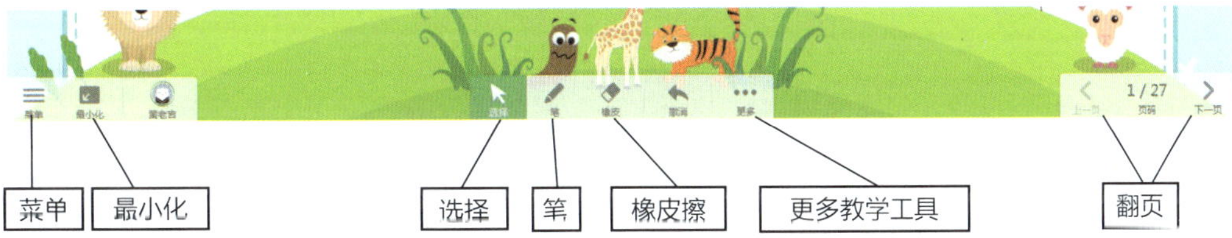

图 7–20 授课工具栏

（1）在授课过程中，如果想退出授课模式转到备课模式，就单击“菜单”按钮，选择“返回备课模式”，也可以选择“打开文件”打开别的课件。

（2）如果想返回一体机的桌面，就单击“最小化”按钮，此时授课页面会缩小成如图 7–21 所示的图标，整个屏幕显示出一体机的桌面，这样就可以进行其他应用的操作。单击图 7–21 所示的图标，会展开里面隐藏的工具，如图 7–22 所示，如可以选用笔进行屏幕标注、手工书写等，如要返回授课模式，单击最右边的按钮即可。

图 7-21　授课页面缩小后图标

图 7-22　隐藏的工具

（3）如果希沃白板 5 安装在办公计算机或者个人计算机里，也可以进入授课模式，此时只能用鼠标模拟笔或者用手指对课件进行操控。

6. 使用电子白板软件备课和制作多媒体课件

希沃白板 5 自带丰富的应用，使用这些应用设计出的课件生动，交互性好；并且其制作和 PPT 课件相似，只要有 PPT 制作基础，就能很容易地掌握白板课件的制作。

【实例 7.3-1】以《小蝌蚪找妈妈》教学内容为实例，学习如何利用希沃白板 5 来制作多媒体课件。

（1）首先登录希沃白板 5，在“云课件”界面新建课件，如图 7-23 所示。单击“新建课件” + 新建课件 按钮，在打开的界面选择一个合适的模板，如图 7-24 所示。

图 7-23　“云课件”界面

图 7-24 选择模板

（2）单击“文本”按钮在页面输入标题文字，设置课件第一个页面，如图 7-25 所示。

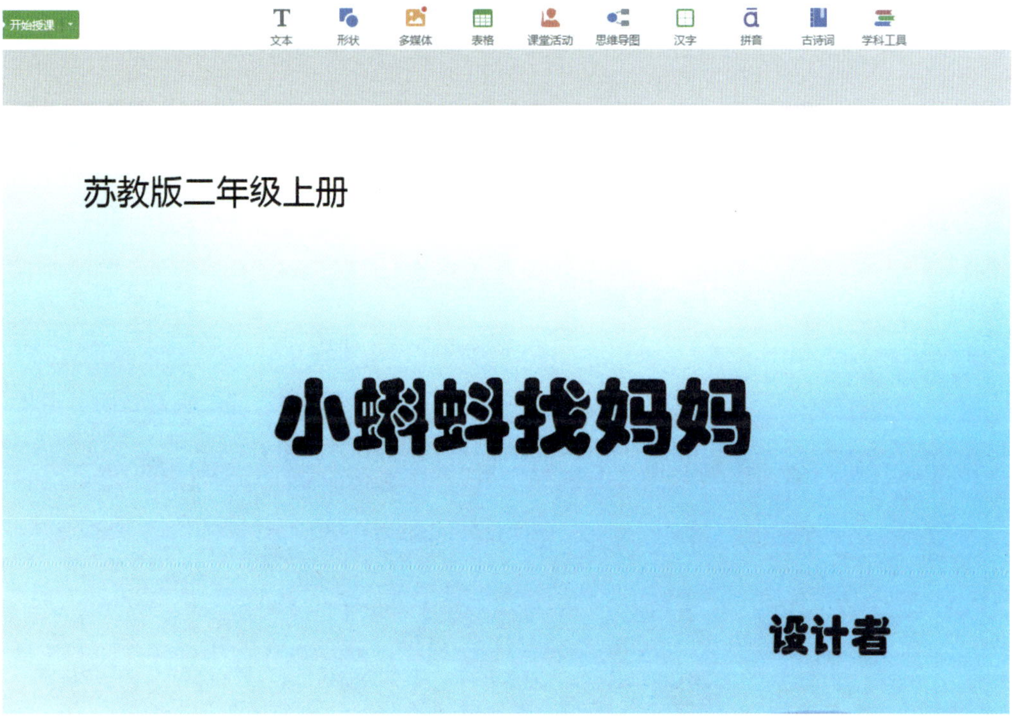

图 7-25 设置课件第一页面

（3）第一个页面设计完毕后，在左侧的页面预览窗格中单击“新建页面”按钮，在右侧的页面属性窗格中设置其背景图，背景图可以联网查找，也可以从本地计算机保存的图像里找。然后单击“文本”按钮，在页面输入相应的文字，接着单击

“多媒体”按钮，在打开的对话框中插入小青蛙图片、荷叶图片，分别移动图像使其排列整齐，如图 7–26 所示，本页面设计完毕。

图 7–26　设置导航页面

（4）新建页面输入相应的文字，然后单击“拼音”按钮，为相应的生字设置拼音。设置好后，会自动下载相应的读音。单击四个注音，会播放相应的拼音读音。然后单击“多媒体”按钮，添加先前保存在本地计算机上的课文朗读音频，如图 7–27 所示。

图 7–27　设置拼音页面

（5）新建页面，添加文字等对象，如图 7–28 所示，在授课的时候，选择笔就可以做相关的连线题练习。

图 7–28　给页面添加对象

（6）希沃白板 5 有一些比较独特的功能，如课堂活动，里面有趣味分类、超级分类、选词填空、知识配对、分组竞争等。在备课制作课件的时候，根据教学内容选择相应的有趣且类似游戏的课堂活动，能够活跃课堂气氛，增进学生学习兴趣，如图 7–29 所示。

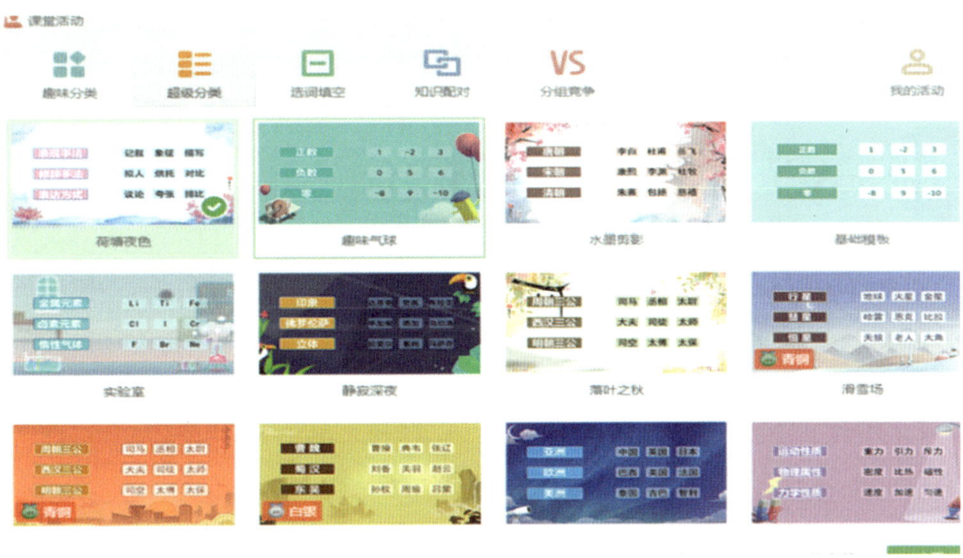

图 7–29　课堂活动

（7）案例设计的是趣味分类课堂活动，如图 7-30 所示。授课的时候，将各个特点相应地分到青蛙和蝌蚪处，分类正确的特点会消失，不正确的会回到原位。

图 7-30　课例设计

根据教学内容设计，制作剩余的页面，一个完整的电子白板课件就制作完毕。课件是存在云端服务器的，在不同的教学地点，连上网络登录希沃白板 5，即可打开课件进行教学。也可以将课件导出来保存在本地计算机、U 盘等存储设备上，导出来的文件扩展名为“.enbx”。只有安装有希沃白板 5 这个电子白板软件才能打开此类文件。也可以将课件导成 PPT 格式，但导出来的 PPT 页面是图片，无法修改内容。

7.4 信息技术支持的课程与技术平台

在现实使用中，教师们会发现，物理平台是有了，但适合自己的教学资源往往缺乏，需要花大量的时间自行制作课件、素材等教学资源，费时费力。为寻找适合自己的教学资源，教师们不断去尝试适合自己的信息技术支持下的课程教学平台。因此，我们介绍几个比较主流的课程教学平台，以方便大家学习和应用。

7.4.1 八桂教学通

八桂教学通是以多版本数字教材为核心，在教学课程组织工具、教学课件工具、资源库、题库、学科工具库、课堂活动库、授课工具库等基础模块的支撑下为中小学教师提供备课、授课以及教学管理等功能，支持课堂教学场景应用的数字化教学平台。它能帮助教师提升备课、授课效率，优化教学过程。

八桂教学通支持教师PC端、教师平板端、教师手机端，适合义务教育阶段的中小学教师备课及授课应用。完备的数字电子教材、丰富的教学素材资源，能满足教师的课堂教学需求。

1.登录八桂教学通首页

系统首页默认为用户最近操作过的教材以及与该教材相关的两个课程模块，主要方便教师快速地备课授课，如图 7-31 所示。

图 7-31 八桂教学通首页

2.“教学课程”模块

教学课程是对教育目标、教学内容、教学活动方式的规划和设计，是教学计划、教学素材等诸多方面实施过程的总和。八桂教学通“教学课程”模块支持教师更灵活、更开放、更方便地组织课堂教学所需的全部素材，同时为教师提供资源库、学科工具、授课小工具，是集教学资源库和授课工具为一体的备课授课工具。模块还支持导出离线授课资源包，配合数字教材满足教师在有网和无网环境下进行授课，满足信息化环境下课堂教学的基本需求。

进入“教学课程”模块，可以看到“我的课程”和“回收站”两个子模块，如图 7-32 所示。

“我的课程”子模块：教师可以在这里新建和管理自己的课程。

“回收站”子模块：在“我的课程”中删除的课程都会放入这一子模块中，以便误删时恢复。

图 7-32 教学课程模块

3.“数字教材”模块

此模块用于教师下载、管理数字教材，主要有“我的书架”和“教材中心”两个子模块，如图 7-33 所示。数字教材内嵌多媒体素材，单击教材封面，即可打开相应教材进入内页。教材内页的资源以图标形式进行展示，包括音频、视频、图片、动画等资源，单击图标即可进行播放。

图 7-33 “数字教材”模块

4.“教学课件”模块

“教学课件”模块提供了H5课件制作工具，教师可完成导入PPT、新建课件、引用名师课件和共享课件、课件编辑、已有课件管理等工作。本模块包括“我的课件”“共享课件”“回收站”三个子模块，如图7-34所示。

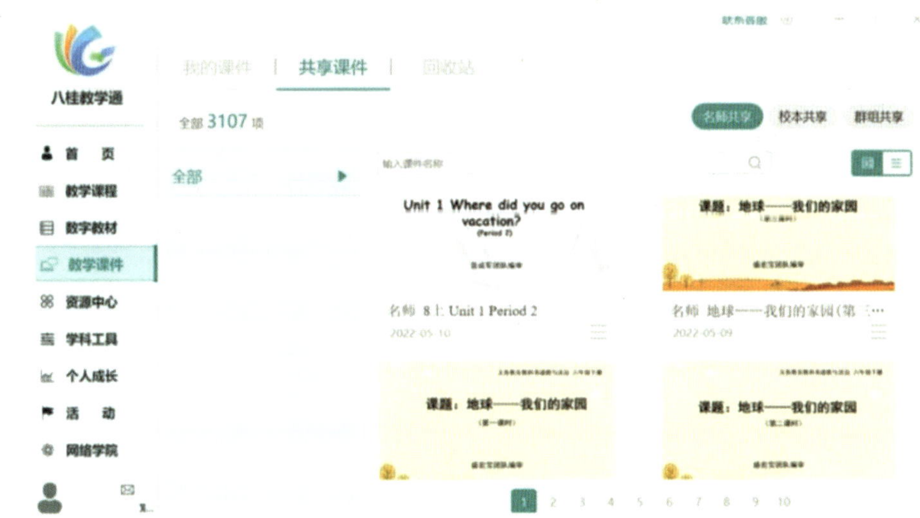

图7-34 “教学课件”模块

5.“资源中心”模块

此模块用于教师资源管理，分为“我的资源”“教材配套”“共享资源”三个子模块，如图7-35所示。此模块丰富的教学资源可供教师运用到课堂教学中，教师也可以上传自己的资源，分享资源。

图7-35 “资源中心”模块

6.“学科工具”模块

单击平台导航左侧“学科工具”按钮，会显示可下载的应用，也可对已下载的应用进行删除。学科工具如图 7–36 所示。

图 7–36 “学科工具”模块

7.“个人成长”模块

“个人成长”模块可以查看个人的行为分布概况、使用时长排名、个人贡献，并可以按时间段查询打开教材、上传资源、制作课件、授课的数据统计，如图 7–37 所示。

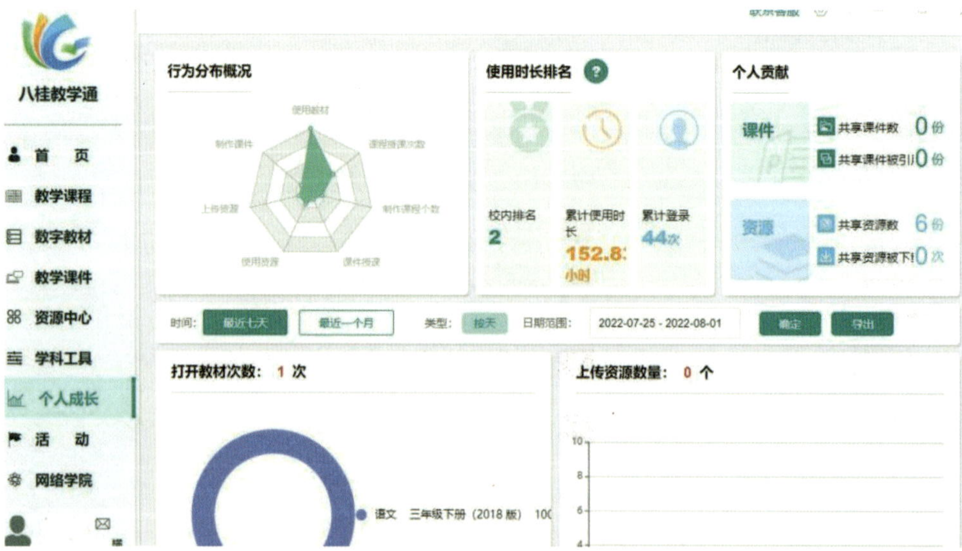

图 7–37 “个人成长”模块

7.4.2 101 教育 PPT

101 教育 PPT 是一款服务教师用户的备课和授课软件，拥有课件制作功能，配备了教育资源库，除了课件素材、电子教材、学科工具、3D/VR 资源以及系统资源外，还有多媒体资源以及 PPT 模板等各类教学资源。101 教育 PPT 针对全国不同地区的教师提供了人教版、北师大版、苏教版、外研社版等在内的全国主流教材版本，覆盖学前阶段、K12 阶段、中高职及本科阶段，含语文、数学、英语、物理、化学、地理、生物、历史、政治等几十个学科。软件提供了教学工具、授课互动工具、3D 资源等辅助教师授课。在课堂上，教师可以通过手机客户端直接操控大屏幕上的 PPT 课件，同时可以调用软件内置的课堂互动工具、学科工具等。

101 教育 PPT 有 PC 端和手机端应用，二者可以互联互通。安装应用后注册账号就可以使用，且对个人用户免费。登录后的界面如图 7–38 所示。

图 7–38　101 教育 PPT 登录后的界面

101 教育 PPT 可以和演示文稿制作软件 PowerPiont 各个版本较好地结合，在制作 PPT 课件时就像给 PowerPiont 套上一层外壳，方便我们使用。101 教育 PPT 提供了丰富的资源和各种功能，其编辑界面如图 7–39 所示。

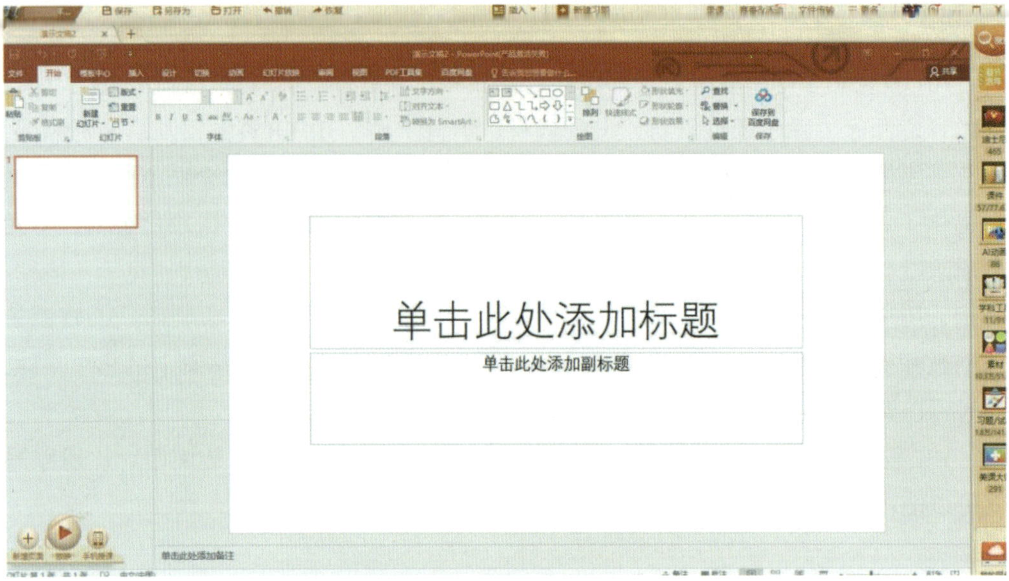

图 7-39　编辑界面

学习测评

1. 简述信息化教学环境的构成要素。

2. 任选一课时中小学学科教学内容，利用希沃白板 5 软件制作教学课件。

参考文献

[1] 何克抗，李文光. 教育技术学[M]. 2 版. 北京：北京师范大学出版社，2009.

[2] 李志河. 现代教育技术[M]. 3 版. 北京：清华大学出版社，2019.

[3] 祝智庭，钟志贤. 现代教育技术——促进多元智能发展[M]. 上海：华东师范大学出版社，2003.

附　录

"现代教育技术与应用"课程教学大纲（参考）

一、课程概述

（一）课程信息

<table>
<tr><td>课程编码</td><td colspan="2"></td><td>课程类别</td><td>教师教育课程</td></tr>
<tr><td>课程名称</td><td colspan="2">现代教育技术与应用</td><td>课程性质</td><td>专业必修课</td></tr>
<tr><td>英文名称</td><td colspan="4">Modern Educational Technology and Applications</td></tr>
<tr><td>学分</td><td colspan="2">2</td><td>建议修读学期</td><td>第 2 学期</td></tr>
<tr><td rowspan="2">总学时数</td><td rowspan="2">32</td><td rowspan="2">其中：实践学时 24</td><td>实验学时</td><td>0</td></tr>
<tr><td>其他学时</td><td>0</td></tr>
<tr><td>预修课程</td><td colspan="4">教育学、心理学</td></tr>
<tr><td>考核方式</td><td colspan="4">考试</td></tr>
<tr><td>开课单位</td><td colspan="2">教育学院</td><td>适用专业</td><td>学前教育、小学教育</td></tr>
<tr><td>大纲执笔人</td><td colspan="2"></td><td>大纲审核人</td><td></td></tr>
</table>

（二）课程简介

"现代教育技术与应用"是师范专业的一门专业必修课。该课程旨在培养师范专业学生的现代教育技术素质，增强其教育职业技能，为培养和造就合格的、能适应未来社会经济发展需要的、胜任信息时代的教学实践和改革的教师奠定良好的职业基础。

本课程的知识内容涵盖现代教育技术的基础理论知识、网络教育资源的利用、多媒体技术在教学中的运用、教学设计、教学技能、信息技术与课程的整合、多媒体课件设计与制作、微课与翻转课堂等，并渗透新时期教育技术理念。

二、课程目标

（一）目标设置

目标设置包含课程专业目标和思政育人目标。

1. 知识目标：了解现代教育技术的基本思想、现代教学方法以及教学媒体的基本特征；掌握现代教学技能和信息技术应用技能；熟悉教学技能的应用和教学设计的基本原理与方法；掌握利用WPS及多媒体软件制作课件的技术，掌握微课程设计和制作的技术；了解网络课程的概念、开发过程和开发技术。

2. 能力目标：掌握新时期教育技术的新方法、新模式及新技术的使用技能；具备基本的信息化教学设计能力、教学实践能力和教学评价能力；具备教育技术实践能力，能够结合专业特点设计、制作教学软件并应用到教学实践中。

3. 素质目标：具有信息技术素养，能够形成学科与信息技术整合意识，勇于创新，具有终身学习和协作学习的意识。

本课程教学的最终目标是：通过本课程的学习，学生毕业后能够适应未来社会经济发展需要，胜任信息时代的教学实践和改革，成为高素质的“四有新人”，更好地为国家培养合格的社会主义建设者和接班人。

（二）课程目标与毕业要求的关系

课程目标	支撑毕业要求	支撑毕业要求指标点及力度
课程目标 1	3. 学科素养 4. 教学能力	指标 3.2（L） 指标 4.2（H）
课程目标 2	3. 学科素养 4. 教学能力	指标 3.3（H） 指标 4.1（M） 指标 4.2（H）
课程目标 3	3. 学科素养 4. 教学能力	指标 3.2（M） 指标 3.3（H） 指标 4.1（H） 指标 4.2（H）

本课程重点支撑以下 4 个毕业要求指标点。

毕业要求指标 3.2：掌握扎实的主教学科的知识和技能，理解语文/数学/英语的知识体系、基本思想和方法；了解兼教学科（音乐/美术/体育/信息技术/科学/综合实践活动）的基本知识和基本技能。

毕业要求指标 3.3：理解所教学科与其他学科之间的联系，以及社会实践与小学生生活实践的联系；了解学科整合在小学教育中的价值，跨学科知识整合应具备的能力。

毕业要求指标 4.1：能依据课程标准，运用教育教学理论，针对学生发展特点，进行教学设计、教学实施、教学评价，获得教学体验。

毕业要求指标 4.2：具有扎实的教学基本功，能运用现代教育技术促进教学活动。

三、教学内容、重难点和课时安排

第 1 章　现代教育技术与教师发展（2 学时）（支撑课程目标 1）

（一）教学目标

1. 知识目标：通过学习现代教育技术的概念，了解现代教育技术的内涵；通过学习《中小学教师信息技术应用能力标准（试行）》，了解教师发展目标。

2. 能力目标：能说出信息化时代教育对教师信息素养的要求；能够制订自己的教师专业发展规划。

3. 素质目标：通过对现代教育技术概念的学习，树立信息化时代教师的目标；树立正确的教师发展观，培养终身学习的理念。

（二）教学重点

教育技术的概念、现代教育技术的理论基础。

（三）教学难点

现代教育技术的理论基础。

（四）教学内容

1.1　现代教育技术的概念

1.2　信息化时代教师专业发展

1.3　教育部《关于实施全国中小学教师信息技术应用能力提升工程 2.0 的意见》解读

第 2 章　文本处理技术（2 学时）（支撑课程目标 2）

（一）教学目标

1. 知识目标：通过对文本格式、文本文档获取的途径以及文档可视化处理的学习，掌握 WPS 中文本处理的方法。

2. 能力目标：能够优化 WPS 中的文本文档的排版。

3. 素质目标：通过优化文本文档的排版，传达出 WPS 课件的整体风格。

（二）教学重点

文本的可视化表达方式。

（三）教学难点

课件制作中文本使用的注意事项。

（四）教学内容

2.1 文本的常用格式

2.2 文本的获取

2.3 文本的可视化

第3章 图像处理技术（4学时）（支撑课程目标3）

（一）教学目标

1. 知识目标：通过学习图像的基础知识，了解图像的概念、类型和特点；通过学习图像的获取方法，了解获取图像素材的途径；通过学习图像的处理技术，掌握Adobe Photoshop的基本操作，掌握图像的修改、合成和渲染技术。

2. 能力目标：探讨学习图像的获取方法和美化思路；能在图像的处理过程中融入爱国主义教育思想。

3. 素质目标：通过实用的图像处理技术激发学生的学习兴趣，从学习、工作和生活需求方面引导学生产生足够的学习动机，在教学实践过程中不断提高学生的动手能力，帮助学生树立自信心；通过对教学图像的选择激发学生对祖国文化和大好河山的热爱，能够进行爱国主义思想教育。

（二）教学重点

课件中的图像处理要点。

（三）教学难点

Adobe Photoshop软件的基本操作。

（四）教学内容

3.1 图像概述

3.2 图像的获取

3.3 Adobe Photoshop的基本知识

3.4 图像处理技术

第4章 多媒体课件的设计与制作（8学时）（支撑课程目标3）

（一）教学目标

1. 知识目标：通过学习一个完整的多媒体课件案例，掌握使用WPS制作课件的方法。

2. 能力目标：能够独立制作出完整的多媒体课件。

3. 素质目标：通过对多媒体课件评价标准的学习，培养评价课件的习惯。

（二）教学重点

多媒体课件开发流程、使用WPS制作多媒体课件。

（三）教学难点

多媒体课件的制作原则、使用WPS制作多媒体课件。

（四）教学内容

4.1　多媒体课件概述

4.2　使用WPS Office制作多媒体课件

第5章　微课的设计与制作（8学时）（支撑课程目标3）

（一）教学目标

1. 知识目标：通过学习CS9.0的使用方法，掌握CS9.0的常用功能；通过一个完整的微课案例，掌握微课制作的流程。

2. 能力目标：能够独立制作出完整的微课。

3. 素质目标：通过对微课概念的学习，培养评价微课的习惯；通过一个完整的微课案例，培养热爱学生、因材施教的理念。

（二）教学重点

CS9.0基本用法；微课开发流程。

（三）教学难点

微课的编辑。

（四）教学内容

5.1　微课概述

5.2　Camtasia Studio 9.0基础

5.3　制作一个完整的微课

第6章　WPS在教学中的应用（2学时）（支撑课程目标3）

（一）教学目标

1. 知识目标：通过学习WPS的使用方法，掌握WPS在教学中的常用功能。

2. 能力目标：能够使用WPS处理文字和表格。

3. 素质目标：通过对WPS的学习，养成自主学习的好习惯，培养爱国情怀。

（二）教学重点

WPS在教学中的应用。

（三）教学难点

WPS在语、数、英三个学科上的应用。

（四）教学内容

6.1　WPS文字在教学中的应用

6.2　WPS表格在教学中的应用

6.3　WPS放映在教学中的应用

第 7 章　现代教育技术与教育变革（6 学时）（支撑课程目标 3）

（一）教学目标

1. 知识目标：了解信息技术与课程整合及信息化教学的相关知识；通过一个完整的课件案例，掌握使用电子白板制作课件的方法。

2. 能力目标：能够独立使用电子白板软件制作出完整的多媒体课件并利用电子白板授课。

3. 素质目标：通过对现代教育技术促进教育变革知识的学习，促进教学观念的变革，培养终身学习的理念、态度和能力。

（二）教学重点

掌握希沃电子白板的使用。

（三）教学难点

教学新模式以及信息技术支持的课程与技术平台的特点。

（四）教学内容

7.1　信息技术与课程整合

7.2　信息化教学环境

7.3　希沃电子白板的使用

7.4　信息技术支持的课程与技术平台

四、教学方法

本课程以机房实践为主，以课堂讲授、课堂讨论、课堂练习、课后作业、测验、辅导答疑等为辅。

五、课程考核

（一）考核内容与考核方式

1. 考核内容与考核方式对课程目标的支撑情况

课程教学目标	考核内容	评价依据
课程目标 1	教育技术的发展历程； 教师信息化教学技能的内涵； 教育技术理论基础。	1. 平时作业 2. 平时考勤 3. 课堂表现 4. 期中考试 5. 期末考试

续表

课程教学目标	考核内容	评价依据
课程目标 2	多媒体教学资源类型和获取方法； 课件、微课的设计与开发技术。	1. 平时作业 2. 平时考勤 3. 课堂表现 4. 期中考试 5. 期末考试
课程目标 3	学科与信息技术整合意识和创新意识，终身学习和协作学习意识。	1. 平时作业 2. 平时考勤 3. 课堂表现

2. 考核方式

课程考核方式分为过程性考核（平时考核）和终结性考核（期末考试）。过程件考核方式包括课堂表现、平时出勤、平时作业、期中考试等；终结性考核即期末考试。

（二）成绩评定

1. 总成绩评定

总成绩=过程性成绩（平时成绩）×40%+终结性成绩（期末成绩）×60%

2. 过程性成绩（平时成绩）评定

过程性成绩（平时成绩）以 100 分计，综合三种过程管理形式进行评价，具体如下。

（1）课堂出勤与表现（20 分）：通过学生的出勤情况、在课堂上的表现情况、发言与提问情况，来评价学生相关的能力。

（2）作业完成情况（30 分）：通过让学生围绕课程的学习目标进行作业的设计（含试教的视频、小组汇报等），完成一定数量的课外作业，帮助学生理解和掌握所学的内容，考核学生对所学内容的理解和掌握情况。

（3）期中考试（50 分）：学生在期中考试中掌握课程内容的情况。

3. 终结性成绩（期末成绩）评定

终结性成绩以 100 分计，依据期末考试试题的参考答案与评分细则阅卷打分。

（三）评分标准

课程目标	评分标准				
	90 ～ 100 分	80 ～ 89 分	70 ～ 79 分	60 ～ 69 分	0 ～ 59 分
	优	良	中	及格	不及格
课程目标1	熟练掌握现代教学技能和信息技术应用技能；熟练掌握利用 WPS 及多媒体软件制作课件的技术；熟练掌握微课程设计和制作的技术	较熟练掌握现代教学技能和信息技术应用技能、利用 WPS 及多媒体软件制作课件的技术，以及微课程设计和制作的技术	基本掌握现代教学技能和信息技术应用技能、利用 WPS 及多媒体软件制作课件的技术，以及微课程设计和制作的技术	初步了解现代教学技能和信息技术应用技能、利用 WPS 及多媒体软件制作课件的技术，以及微课程设计和制作的技术	未掌握现代教学技能和信息技术应用技能、利用 WPS 及多媒体软件制作课件的技术，以及微课程设计和制作的技术
课程目标2	熟练掌握新时期教育技术的新方法、新模式及新技术的使用技能；具备很强的基本的信息化教学设计能力、教学实践能力和教学评价能力；具备很强的教育技术实践能力，能够熟练结合专业特点设计、制作教学软件并应用到教学实践中	较熟练掌握新时期教育技术的新方法、新模式及新技术的使用技能；具备较强的基本的信息化教学设计能力、教学实践能力和教学评价能力；具备较强的教育技术实践能力，能够结合专业特点设计、制作教学软件并应用到教学实践中	基本掌握新时期教育技术的新方法、新模式及新技术的使用技能；具备基本的信息化教学设计能力、教学实践能力和教学评价能力；具备教育技术实践能力，能够结合专业特点设计、制作教学软件并应用到教学实践中	初步掌握新时期教育技术的新方法、新模式及新技术的使用技能；具备初步的信息化教学设计能力、教学实践能力和教学评价能力；具备基本教育技术实践能力，基本能够结合专业特点设计、制作教学软件并应用到教学实践中	未掌握新时期教育技术的新方法、新模式及新技术的使用技能；不具备信息化教学设计能力、教学实践能力和教学评价能力；不具备教育技术实践能力，不能结合专业特点设计、制作教学软件并应用到教学实践中
课程目标3	具有较高的信息技术素养，具有较强的学科与信息技术整合意识，勇于创新，具有较强的终身学习和协作学习意识	具有信息技术素养，具有学科与信息技术整合意识和创新意识，具有终身学习和协作学习意识	具有基本的信息技术素养，具有基本的学科与信息技术整合意识，具有终身学习和协作学习意识	具有基本的信息技术素养，具有基本的学科与信息技术整合意识，具有终身学习意识	不具有基本的信息技术素养和学科与信息技术整合意识，没有终身学习和协作学习意识

六、课程评价

（一）课程目标达成度评价机制

根据各课程目标所支撑毕业要求指标点的支撑力度情况，赋值 H=3，M=2，L=1，可计算出各个课程目标的支撑力度比例，得到权重。

课程目标	课程目标 1	课程目标 2	课程目标 3
权重 w_i			
说明：权重＝课程目标指标点/总指标点。如课程目标 1 数值为8，除以总值26，得出权重约为0.308（8/26=0.308）。课程目标的权重值之和$\sum_{i=1}^{3}\omega_i=1$。	0.23	0.32	0.45

（二）课程目标达成评价方法

1. 各个课程目标达成度的计算

计算公式如下：

课程目标 1 达成度＝（考核环节 1 的平均成绩/考核环节 1 的总分值）× 考核环节 1 权重+（考核环节 2 的平均成绩/考核环节 2 的总分值）× 考核环节 2 权重+……+（考核环节 n 的平均成绩/考核环节 n 的总分值）× 考核环节 n 权重。

同理，计算出其他课程目标的达成度。

2. 课程的整体目标达成度的计算

计算公式如下：

课程的整体目标达成度＝课程目标 1 达成度 × 课程目标 1 权重+课程目标 2 达成度 × 课程目标 2 权重+课程目标 3 达成度 × 课程目标 3 权重+……+课程目标 N 达成度 × 课程目标 N 权重。

3. 课程的整体目标达成度评价标准

根据《教育学院小学教育专业课程目标达成评价实施办法》，本课程的整体目标达成度评价标准设定为“达到 0.65 为评价合格”。

七、持续改进

1. 调整教学策略

根据学生的课堂表现、平时作业、阶段性测验情况及教学督导的反馈，检验学生对本课程涉及的学科素养和自我反思的达成情况，及时对教学中的不足之处进行改进，调整教学指导策略。

2. 修订课程大纲

根据学生的课堂表现、平时作业、阶段性测验及期末考试成绩，检验本课程所支撑的毕业要求分解指标点的达成情况；根据本课程所支撑的毕业要求分解指标点的达成情况，参考优秀专业经验，在教育学院教学指导委员会的指导下，重新修订本课程大纲，实现持续改进。

八、课程资源

1.选用教材

农国才，陶卫平，李丹. 现代教育技术与应用[M]. 杭州：浙江大学出版社，2024.

2.主要参考书目

（1）李志河. 现代教育技术[M]. 3版. 北京：清华大学出版社，2019.

（2）张剑平. 信息化教学方法与技术[M]. 4版. 北京：高等教育出版社，2016.

（3）李芒. 现代教育技术[M]. 北京：北京师范大学出版社，2014.

（4）李芒，蒋科蔚，李师. 信息化学习方式案例教学[M]. 北京：北京师范大学出版社，2014年.

（5）凤舞科技. 多媒体课件制作入门与提高[M]. 北京：清华大学出版社，2013.

（6）刘庆全，时道波. 多媒体课件制作案例教程（基于PowerPoint平台）[M]. 北京：清华大学出版社，2012.